中国脱贫攻坚的社会调查

第二卷

连玉明 主编

山村调查

社会科学文献出版社
SOCIAL SCIENCES ACADEMIC PRESS (CHINA)

编 委 会

汪冶国　张国华　孙清香　肖连春

赵灵灵　朱盼盼　王　琨　陈盈瑾

蒋　璞　姜思宇　李明环　洪羽婕

陈淑琴　高桂芳　蒋承恭　黄晓洁

米雅钊　翟萌萌　宋　馨　文　颖

梅　杰　陈　林　胡亚男　张　清

罗　荣　季雨涵　郑　婷　吴峻寒

梁凤娥　姜似海　李龙波　程　茹

彭小林　萧　伟　王　怡　严　旭

易康宁　谢思琪　刘珮琪　裴　飞

陈　贝　陈名彬　彭婷婷　钱　超

李　超　刘　胤　李明星　陈万涛

韦　佳

首　席　摄　影　胡　凯

摄　　　影　张志强　楼乐天　储　越

调　研　统　筹　杨胜元

学　术　秘　书　李瑞香　龙婉玲

序

北京国际城市发展研究院与贵阳创新驱动发展战略研究院和铜仁市人民政府发展研究中心合作，组织调研团队，赴铜仁市万山区进行调研，其中对几十个村落的调查，形成了这里五卷本的《山村调查》。这套书的主编、北京国际城市发展研究院的院长连玉明教授邀我为该书作序，我欣然接受。

我很高兴连玉明教授作为城市问题研究的专家，能够把目光关注到乡村。今年，也就是2019年，是新中国成立70周年，我国的人均GDP达到了约1万美元，城镇化水平首次超过60%，但城乡发展之间的巨大差距和乡村发展的相对落后，仍然是我国发展的一个软肋。如果现有的5.6亿农民不能普遍富裕起来，不能实现生活的现代化，就很难实现整个国家的现代化。

2018年全国农村居民人均可支配收入为14617元，只是城镇居民人均可支配收入39251元的37%。而且农村发展本身也很不平衡，2018年浙江农村居民人均可支配收入为27302元，是贵州农村居民人均可支配收入9716元的2.8倍。所以说，总体上看，我国绝大多数农民还没有摆脱相对贫穷的状况。

我国农民人数众多，且绝大多数是小农，每个农户的平均耕地面积只有约0.5公顷，仅相当于欧洲农户平均耕地面积的1/80到1/60，农耕收入微薄。从东南亚一些农地缺乏的国家和地区的现代化经验看，农业普遍像西方国家那样实行规模化经营很难做到。而目前"80后"农村青年就已经很少务农，务农农民过早出现老龄化，很难再转移成非农劳动力。农产品价格也已经多数高于国际市场价格，靠政府补贴财政压力很大，难以为继。怎样让广大农民普遍富裕起来，成为中等收入群体，是我国面对的最大难题。实行新型城镇化，实现城乡一体化发展，促进农户的多样性经营，不断提高农产品的附加值和农民的兼业收入，可能是唯一的选择。

新型城镇化与乡村振兴，实际上是同一个问题的两面。没有乡村的振兴，就无法实现新型城镇化。

《山村调查》这套书在资源枯竭型地区转型和脱贫攻坚的大背景下，从微观角度分析了几十个村落或社区的探索与发展。我国目前有近70万个行政村，数百万个自然村，在城镇化的大潮中，这些村落的发展情况千差万别，从纯农业村、兼业村、工业村到城中村，呈现各具特色的发展面貌。《山村调查》的对象集中在贵州铜仁市万山区，"转型"是万山乡村发展的最突出特点。万山因历史上盛产朱砂而被誉为"朱砂王国"，也是新中国最早的县级行政特区，万山汞矿储量和产量均曾列世界前茅，有"汞都"之称。但到2002年，有630多年开矿历史的贵州汞矿因矿产资源枯竭而正式宣布实行政策性关闭，曾经辉煌的万山特区一度急剧衰落，被倒逼走上了转型之路。

万山的"转型"体现在许多方面，在工业上从采掘业向现代工业转型，在农业上"从田到棚"转型，在服务业上"从小到大"转型。特别值得一提的是，万山地处武陵山片区，那里既是我国山清水秀、生态优美的地方，也长期是集中连片的贫困区。近几年贵州交通快速发展，成为我国西部地区第一个县县通高速的省份，无数的隧道和高架桥把山区连接起来，实现了山区的开放。转型发展和道路的联通带动人才、资金、技术向农村流动，自驾游、乡村康养休闲、乡村旅居等多种走入乡村的产业兴起，乡村振兴和"逆城镇化"成为万山未来发展的新潮流和新动力。万山已经于2018年成功整体脱贫，消除了困扰已久的极端贫困。当然，让农民普遍富裕起来的路还很长。这套乡村调查的书所描绘的变化细节，成为真切观察我国乡村巨变的窗口，也成为资源枯竭地区成功转型的一个样板。

习近平总书记强调，"调查研究是谋事之基、成事之道。没有调查，就没有发言权，更没有决策权"。本书编写组在万山调研的过程中，将前期摸底调研和集中调研相结合，将实地考察和座谈访谈相结合，这种深入一线、扎根基层的调查研究方式，再次证明"做社会学研究，拼的就是社会调查的深入扎实"，值得所有哲学社会科学研究者学习。《山村调查》以资源枯竭型城市万山为窗口，系统介绍了当前我国后发地区脱贫攻坚的积极探索和典型经验，深刻揭示了当前我国后发地区在发展中面临的突出问题，并有针对性地提出了对策建议。这些经验与建议既是万山的，也是贵州的，更是中国的。"观一叶而知秋"，这便是哲学社会科学研究的意义和价值所在。

是为序。

全国人民代表大会社会建设委员会副主任委员

中国社会科学院原副院长、学部委员

2019年10月20日于北京

目录

第四篇

‖ 下溪乡 ‖

第三篇

大坪乡

金灿灿的稻谷在手心滑过,感受着一粒粒晶莹剔透、甘香爽口的大米,眼前仿佛看到了稻田上,正在收割的农民脸上流淌着汗水,也流淌着喜悦。

百年古木，默默记录着这里的风雨和岁月，记录着拾柴弯腰的那一股子坚韧，记录着灰白瓦下的安宁和美好。

秋天，金黄色铺满了田野、山岗。秋风送爽，大山深处的油茶日渐成熟；微风吹过，田野里激起层层金浪。川硐村村民用勤劳的双手，演奏劳动的乐章；用坚韧的双脚，舞动丰收的旋律。

产业互补拓宽村民致富路

——川硐村调研报告

为学习和贯彻习近平总书记对万山"加快推动转型可持续发展"重要批示精神，深入研究习近平新时代中国特色社会主义思想在万山落地生根的理论基础、实践基础、群众基础，按照铜仁市委、市政府安排部署，北京国际城市发展研究院联合贵阳创新驱动发展研究院组成调研组，开展万山转型可持续发展大调研工作，总结提炼万山转型可持续发展的先进模式和成功经验。2018年10月22~23日，铜仁市万山区转型可持续发展大调研第六小组高桂芳、蒋承恭赴大坪乡川硐村开展了为期两天的调研。调研期间安排召开了一次村委座谈会议，实地考察了川硐村大五星枇杷、蜂糖李、中华蜂、茶油果种植基地，入户走访了贫困户龙国发、胡先发、姚发林、杨桃花、田二妹，非贫困户贺贤江、邓春梅，重点访谈了脱贫代表牟国双、致富能手吴建国、村卫生员杨红琴、人民教师吴远保。调研组从村干部、致富带头人、脱贫代表、卫生员、教师等多元视角出发，全方位了解川硐村脱贫攻坚以来的发展变化和成果，总结经验模式，梳理问题和难点，进一步廓清川硐村全面脱贫后转型可持续发展的思路，并提出相关思考和建议。

一、基本概况和历史沿革

川硐村位于大坪乡南面，东面与苏湾村相连，南面与鱼塘乡团山村接壤，西面与龙门村相交，北面与大坪、柴山村相邻，因洞穴多并相连而得名，总面积12.19平方千米。下辖牟家坡、沙子坡、上寨、邓家、六马田、台上、川硐、栗子山8个村民组，全村共有村民536户1742人，以侗族、土家族、苗族居多，其中建档立卡贫困户共100户279人。村内主要姓氏是姚、吴、牟、曾，有60岁以上老人18名，90岁以上老人2名，三无老人9名。当地村民喜食腊肉和酸菜，擅长针绣等手工技艺，有斗锣、斗鼓、金钱杆、唱山歌、龙灯、茶灯等传统民间技艺和风土人情。

川硐村的历史最早可追溯到明末清初的大坪场市，属铜仁府管辖，民国时期属铜仁县。1919~1961年，经过几次区划调整后川硐村归大坪乡管辖。1959年1月，以川硐、栗子山、高基屯（六麻屯）、牟坡、沙子坡、大坡上、龙源等生产队为基础，建立川硐生产大队管理委员会，隶属茶店人民公社大坪乡管理区。1967年7月，撤销川硐生产大队管理委员会，建立川硐大队革命委员会，隶属大坪人民公社革命委员会。1979年1月，撤销川硐大队革命委员会，恢复川硐生产大队管理委员会，隶属不变。1984年4月，撤销川硐生产大队管理委员会，建立川硐村民委员会，隶属大坪乡人民政府。1992年7月，大坪侗族乡、羊寨侗族土家族乡、兴旺场侗族苗族乡合并后，川硐接受大坪侗族苗族土家族乡人民政府指导。2007年3月，撤销并村，川硐村民委员会撤销。2011年11月，国务院批准撤销铜仁地区设立地级铜仁市，设碧江区（原县级铜仁市）和万山区（原万山特区），原县级铜仁市的茶店镇、鱼塘乡、大坪乡的行政区域划归万山区管辖。自此，川硐村划入万山区大坪乡管辖范围，驶入了脱贫攻坚的快车道。2016年，川硐村从三类贫困村中脱贫出列，截至2017年年底，全村共减贫92户253人。

二、基础条件和优势特色

川硐村自然气候湿润温和、土壤肥沃，多山地和丘陵，且坡度适宜，适合发展林牧业和水果种植业。目前，川硐村有耕地3000亩、森林资源20000亩，村内有两条河流经过。丰富的自然生态资源是川硐村发展的优势。2016年以前，川硐村属于大坪乡三类贫困村，自精准扶贫工作开展以来，川硐村紧紧围绕"三率一度"和"一达标

2018年10月17日，连玉明院长一行考察川硐村油茶林。

二不愁三保障"指标，因地制宜、因户施策，产业从无到有，实现了基础设施和公共服务的大跨步发展。截至2017年6月，全村共建设"组组通"公路11条，主路窄改宽1条，共计41.8公里，其中黑塘沟至牟坡段已全部铺油，牟坡至腊柳完成边沟和水稳层工作。目前，已安装太阳能路灯300多盏，率先在全村实现亮化工程全覆盖。完成响水洞饮水工程和管网改造，全村饮水问题已经全面解决。成功修建了500米农田灌溉引水渠，解决了高基屯组的农田灌溉难题。持续宣传和推进惠民工程"广电云"户户通项目，确保各家各户有线电视和宽带网络的搭线入户和安装工作顺利进行。在文化教育和卫生方面，川硐小学覆盖1~2年级，共有1个学前班，4名教师，村文化活动广场3个，卫生室1个。

川硐村在脱贫攻坚工作中，大力发展产业经济，先后引进了中华蜂、大五星枇杷、蜂糖李等。其中，中华蜂养殖已经突破1000箱，共有4个养殖基地，2017年年底实现贫困户人均分红300元；200亩枇杷种植将于2019年挂果，已实现贫困户全覆盖。在发展经济的同时，川硐村亦高度重视人与人、人与社会、人与自然的关系。在乡村治理方面，开展好乡村治理工作。通过开好"三会一课"，与群众深入沟通交流，按照"一事一议"原则，将村民反映的问题与村委会商讨，如将村内修建联户路的意见上报区财政局。2018年以来，川硐村组织村干部包片开展村环境卫生工作，共组织开展环境卫生大整治活动30多次。新建垃圾池30个，购置垃圾桶80多个，垃圾填埋场1个，聘请保洁员14人，帮助培养村民良好的卫生习惯，促进乡村文明改善。在生态环境保护方面，川硐村积极实施坡耕地整治项目，保护自然土地资源。此外，川硐村具有特色的自然历史文化资源，白云山寺是全区民间信仰示范点，牟家坡悬棺是县级文物保护单位和村重点保护历史文物古迹。

三、实践探索和经验模式

川硐村在国家产业扶贫政策的引导下，充分发挥本地资源优势，充分考虑村民总体意向，通过土地流转，整合和盘活闲置土地资源，发展特色产业经济，实现村民就近就地就业。采用扶贫资金入股分红的方式，提高村民收入，带动村基础设施和人居环境的整体改善。

（一）前瞻性规划基础设施，激活地区资源优势

以产业发展带动地区脱贫出列是川硐村近年来取得快速发展的重要法宝，把资源优势转化为产业优势，实现产业经济发展真正普惠于民，离不开前期的基础设施建设。川硐村深刻认识到基础设施，尤其是交通道路建设是制约地区发展的重要障碍，是盘活地区资源，实现地区转型发展的前提条件。谈到基础设施，川硐村支部书记胡正华很是自豪，现在川硐村的基础设施已全部完善，不是基本完善。2017年，川硐村规划设计了"组组通"公路11条共计24公里，同时，川硐村还是大坪乡唯一一个修通了环村公路的村，先人一步的交通建设工程，为蜂糖李、蜂蜜、枇杷等农产品的运输和销售提供了重要保障，同时也为后期精品旅游业的发展打下了基础。川硐村党支部书记胡正华在谈到村未来的发展规划时提到，环村公路的设计就是考虑到川硐村优美的自然环境将会随着产业和市场的发展，吸引越来越多的城市人来旅游，环村公路的打通增加了入村的道路入口，大大缩短了入村时间。与其他村相比，环村公

路将成为川硐村产业发展和旅游业发展的竞争优势。

（二）创新产业发展模式，增强村民致富增收渠道

川硐村依托自身森林覆盖率高、土地广阔肥沃、丘陵众多且坡度适宜等自然地理条件优势，提出健康产业扶贫发展思路，以大健康产业方向为主攻方向，创新产业发展模式，探索出了一条发展特色生态农业的致富路子。2016年以来，在乡政府指导下，川硐村村支"两委"、驻村第一书记、包村干部和合作社等人员，先后赴四川成都宗富果业考察大五星枇杷、四川省阿坝州马尔康市中华蜂保种场、重庆江津、南充中华蜂养殖专业合作社等地实地考察学习。投资100万元引进了大

2018年10月17日，连玉明院长一行考察川硐村中华蜂养殖繁育基地，了解白云峰古法土蜂蜜产销情况。

五星枇杷苗1万株，目前已形成200亩的产业种植基地。川硐村作为"中国宗富果业指定战略合作单位"，在龙头企业的对口帮扶下切实解决了苗木品质和技术难题。川硐村还成功引进500箱中华蜂，已搭建四个人工养蜂基地，并从重庆聘请了中华蜂养殖技术专家对贫困户养蜂人员进行系统培训30余次。按照"党组织＋合作社＋基地＋贫困户"的合作模式，由合作社代管、代样、代购、代销，通过把项目发展与贫困户利益联接起来，不断增强村民致富的内生动力。目前，中华蜂产业按照"811"分红模式已实现贫困户人均分红300元，全村中华蜂养殖数量累计已突破1000箱。

（三）以精品水果村为抓手，大力发展生态文化旅游业

川硐村以打造精品水果村为抓手，通过先行先试精选优选，村集体经济产业逐步落地生根，据村支部书记胡正华讲，川硐村有中华蜂、大五星枇杷、蜂糖李三大集体产业，蜂糖李是500亩，大五星枇杷是200亩，中华蜂500群。其他的产业就比较多了，如油茶种植基地，为下一步发展水果采摘业、健康生态农业、观光旅游业提供了产业基础。同时，川硐村作为白云山寺全区民间信仰示范点，拥有牟家坡悬棺历史文化景观，有利于形成山水田园式的乡村文化旅游产品，生态农业与历史文化的融合，有力推动了地区生态文化旅游业的发展。一方面，川硐村结合自身区域定位，围绕"四圈两带"发展战略，以中华蜂繁育示范基地为中心，合理规划种植了紫云英、五倍子、枇杷、蜂糖李等品种，在保障蜂蜜蜜源的同时，形成食用、药用等多元化的蜂蜜和水果品种，并加大与柴山400亩桂花基地、苏湾400亩葡萄基地、350亩精品水果黄桃产业示范基地、600亩香柚基地、瓮岩300亩蔬菜基地和

2018年10月17日，连玉明院长与川硐村村民姚云昌交流。

600亩精品桃树基地等发展对接，最大限度地实现产品的互补结合。另一方面，深入挖掘和打造自身文化旅游资源，树立全域旅游发展理念，做强做精地区旅游品牌。2016年3月，川硐村推出了"白云边·山水田园"项目，已初步建成了集花卉基地、佛教文化、特色客栈、特色农家乐、苗木培育基地、线上线下交易平台、儿童亲子乐园、休闲垂钓、户外拓展训练及野外露营基地为一体的旅游品牌，打造出白云山寺、白云壁洞、荷塘月色、白云圣泉等景点。此外，川硐村距离铜仁市仅有40公里车程，距离万山主城区仅有35公里，距离凤凰古城、梵净山等旅游景点仅有1小时左右车程，与周边景区景点连片打造，形成旅游集聚效应。

四、突出问题和工作难点

下一步，川硐村将围绕打造集休闲娱乐、旅游观光于一体的度假村的区域功能定位，充分依托地区资源优势和特色，深入挖掘地区资源潜力和发展潜力，有针对性地地解决发展中面临的瓶颈和制约，为实现全村集体奔小康的目标规划好路线图。

(一) 农业产业结构较为低端，产品市场竞争优势不明显

2016年以来，川硐村经过多方考察，先后引进了枇杷、中华蜂、蜂糖李等种植养殖品种。当前，各项产业发展已经初具规模，但在产业结构和产品市场竞争力方面缺乏明显的优势。其中，中华蜂养殖业占地面积小、投入小、见效快，已实现分红外，但其规模化、标准化发展受到蜂蜜蜜源的限制，蜜源种植的多样化在一定程度上也分散了资金和精力，反而限制了"短平快"产业的进一步规模化发展。而果树种植业都需要相当长的生长周期，现有的大五星枇杷和蜂糖李均未挂果，同时，也面临着水源短缺、天气变化、虫病灾害等风险。因此，从总体上看，川硐村产业结构仍然比较脆弱，以蜂蜜养殖、水果种植业为主，产品市场竞争优势不明显，产业加工程度和产品附加值较低。目前，除了中华蜂产业拥有自己的蜂蜜品牌"白云蜂业"外，其他产业仍处于前期投入阶段，在广告宣传和品牌建设方面还没有跟进。

(二) 扶贫产业机制有待完善，集体经济发展内生动力不足

川硐村坚持把产业扶贫作为脱贫攻坚的核心内容和首要任务，完

善的扶贫产业机制是保障产业发展和实现长期稳定脱贫的重要保障。川硐村在乡政府、村支"两委"的带领下，充分利用区财政脱贫资金为产业发展注资，充分借助龙头企业和对口帮扶企业的带动作用，大力发展种养殖农民专业合作社，形成了"合作社＋基地＋贫困户"的扶贫工作机制，但在进一步调动各方参与积极性方面还存在很大的提升空间。尤其是在脱贫攻坚期间，为保证完成脱贫任务，存在部分贫困户"被动参与"的问题，产业、企业和贫困户之间的利益联结机制较为松散，没有形成利益分配和风险共担机制，存在扶贫政策取消和失去政府扶贫资金的支持后产业项目难以为继的风险。川硐村要进一步巩固扶贫产业发展成果，发展壮大集体经济，需要进一步完善扶贫产业机制，让产业经济逐步从惠及贫困户向惠及全体村民发展，推动扶贫产业从"紧急解渴"向"持续发展"转变，增强村民参与村集体经济建设的内生动力。

（三）外出务工人员占比较高，村民劳动力整体素质不高

川硐村村民收入主要以外出务工为主，外出务工人员占劳动力的50%，主要在铜仁市区务工，人均收入在5000元左右。村集体经济发展起来后，带动了本地劳动力需求的上涨，解决了一部分当地村民的就业问题，如蜂糖李种植基地建成后，可提供600余人次的就业岗位，提供长期就业岗位5个。但由于年轻劳动力外出务工数量众多，劳动力数量难以满足本地产业经济发展需求，劳动力素质难以支撑生态高效产业发展模式。从川硐村目前的情况来看，一方面，村委会提供的相关职业培训活动主要以基础性培训为主，培训内容简单，培训时间短，培训效果不明显；另一方面，引进外来人才的成本过高，迫切需要培

养和引进一批专业的技术型人才和管理型人才，更好地促进川硐村养殖业和种植业实现规模化发展和高质量发展。

五、对策与建议

下一步，川硐村在以发展"短平快"产业带动村民快速增收致富的基础上，进一步推动村集体经济转型，朝着规模化、标准化发展，稳定村民增收致富信心，实现村民可持续增收。以乡村旅游为导向做好全村整体规划设计，将农业产业优势转化为经济效益，以点带面带动基础设施完善和人居环境改善，推动川硐村脱贫攻坚后实现转型可持续发展。

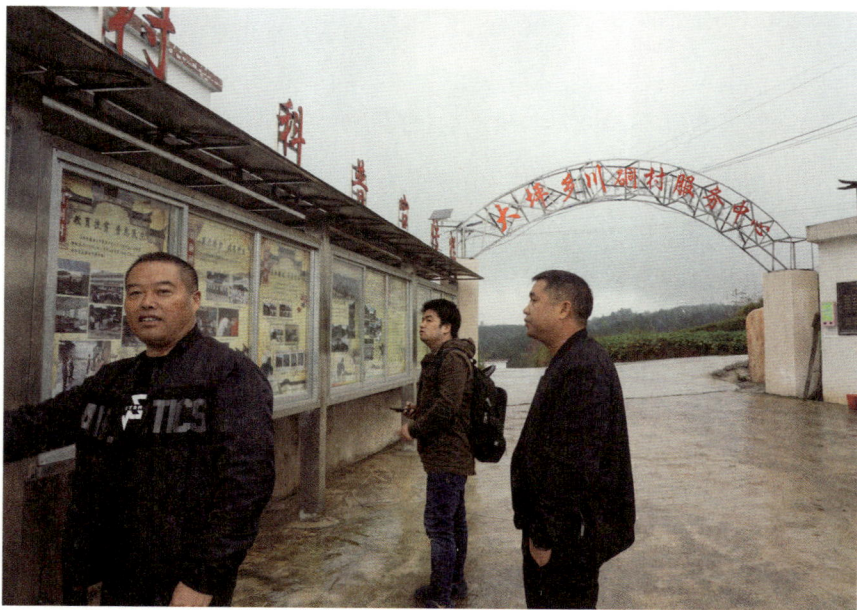

2018年10月20日，调研组成员高桂芳、蒋承恭考察川硐村精准扶贫情况。

（一）加快培育现代产业体系，进一步提升农业产业化质量

川硐村农业产业化发展正处于快速起步发展阶段，农业产业化发展规模和水平不高，发展以水果采摘、农业观光为主的现代农业产业体系，必须在提升农业产业化质量上下功夫。要充分考虑地区资源特色和优势，因地制宜做好产业发展规划，做大做强主导产业，拓展和延伸主导产业发展链条，紧密对接市场需求，不断提高产品附加值，提升品牌吸引力。充分利用好政府、各对口帮扶单位的技术扶持，加大对落地产业的技术指导和科学管理，通过引进龙头企业，借助其经济和科技实力，转变分散式的小规模经营，带动村集体经济集群连片发展，推动跨村相对集中连片规划产业发展，打破土地和资源限制，扩大产业发展规模。以中华蜂养殖业为主导，带动系列花果种植业发展，将产业互补优势转化为生产竞争优势。学习先进企业的专业化布局和区域化生产，深化与万山区创业园、铜仁市及周边区县的产业合作，推进村集体经济的规模化和标准化发展，增强产业发展聚集效能，提高市场占有率。同时，要结合产业发展趋势和市场需求，进一步完善产业基础设施建设。驻村第一书记刘军和说："明年、后年我们的枇杷就要挂果，可能到了丰产期，如果因为天气不好，我们果子又熟了，会存在一下子卖不出去的风险，所以，下一步要规划建设好仓库冷库，大力发展仓储物流业，促进互联网与产业融合发展，不断拓展产品销售渠道。"

（二）培育新型农业经营主体，不断完善相关利益联接机制

发展产业经济是实现村民致富增收的有效举措，川硐村从三类贫困村中出列后，村民的经济收入结构也发生了重要变化，扶贫产业入

股分红占比不断提高。当前扶贫产业发展主要依托的是龙头企业、农民合作社和家庭农场等新型农业经营主体，其经营能力和抗风险能力直接关系着村民的经济收益。要积极培育新型农业经营主体，重点是培育龙头企业和农民合作社，不断完善与村民的利益连接机制，真正让产业收入成为村民持续增收的长期项目。针对既有劳动力，又有经营能力的贫困户，帮助他们发展种植业和养殖业，提供产前、产后、产中系列化服务；针对有劳动力但无经营能力的贫困户，灵活调整利益联接机制，让劳动力更多地成为农业工人，就近就地就业；针对既没有劳动力又没有经营能力的贫困户，要继续做好集体经济分红工作并实行政策兜底。探索建立多主体、多渠道的风险分担机制，充分发

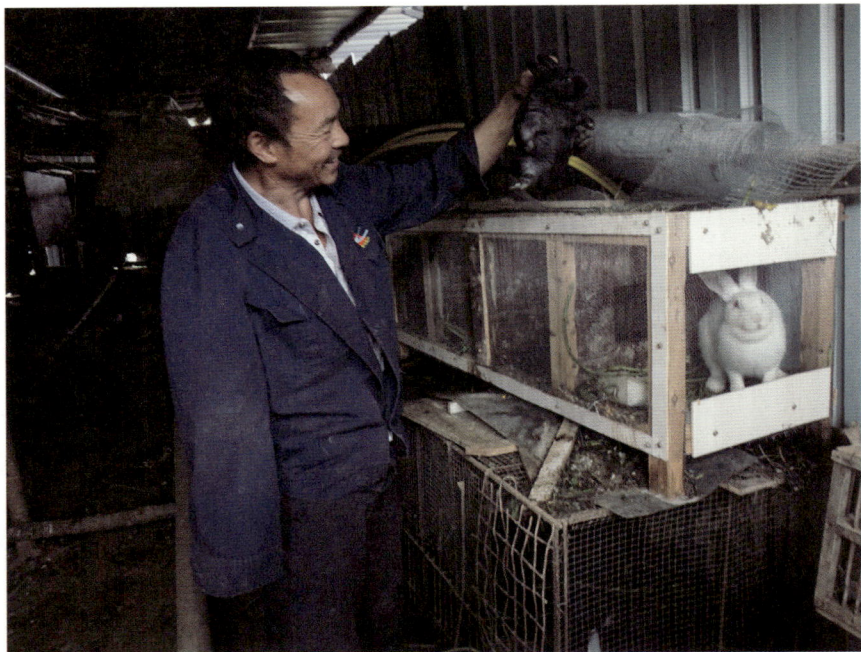

2018年10月21日，调研组在大坪乡川硐村入户走访贫困户年国双。

挥农业保险的风险化解功能，最大限度降低自然因素、市场机制等不可抗力因素带来的损失，保障村民收益稳定。

（三）加大专业人才培养力度，大力提升产业经营管理水平

川碉村发展大健康产业和生态旅游业，实现扶贫产业持续化发展，离不开科学技术的支撑，原有的通过战略合作企业的技术帮扶和指导已经难以满足农业产业化和规模化发展需求。重视和加强专业技术人才和管理人才的培养，依托科研所、龙头企业、科技成果交易中心等，加强农业科技创新人才的引进和培养，提高农民掌握先进农业生产技术的能力，提高农村劳动力素质。要加强培育懂技术、懂经营的新型职业农民，加强劳动力培训和转移就业工作力度，不断扩大转移就业规模，提高转移就业质量，通过产业发展增加家庭经营收入和组织开展劳动力培训转移增加劳务收入并举，持续增加农民收入。充分挖掘地区闲置劳动力的潜力，重视对留在农村的现有劳动力尤其是妇女的教育和培训工作，帮助其积极转变小农思想，提高其对新知识、新技术的学习能力和接受能力，为地区服务业和旅游业的发展储备和提供一批具备相当素质的劳动力。

参考文献

1. 中共中央、国务院：《乡村振兴战略规划（2018—2022年）》，2018。
2. 农业部、发改委、财政部等：《关于促进农业产业化联合体发展的指导意见》，2017。

3. 万山区委宣传部：《万山：推进农业产业发展 引领乡村振兴》，2018。

4. 中共铜仁市委组织部：《万山区大坪乡川硐村：探索"村集体经济＋乡村旅游"思考与实践》，2016。

漫步在苏湾的小道，那田间农人的辛勤劳作，门前柿树下的天伦之乐，乡里间串门闲话家常的温馨，不禁被这深秋里的与世无争深深打动。

村道两旁整齐排列的大棚里一派丰收的景象，一颗颗紫色宝石般的高山葡萄，一串串长辫般的豆角，物华秋实，凝聚着苏湾村民的寄托与希望。

天空澄碧，纤云不染；红瓦砖房，乡村人家。

远山含黛，和风送暖；昂首阔步，满面霞光。

点赞致富带头人　叫好专业合作社

——苏湾村调研报告

2018年10月24日，铜仁市万山区转型可持续发展大调研第五小组秦坚松、陈名彬、洪羽婕和第六小组蒋承恭、李超、宋馨赴大坪乡苏湾村开展调研。当天上午，调研组实地走访了苏湾村集体经济产业蔬菜种植标准化大棚、种植大户的黄桃基地、山地葡萄种植基地、苏湾小学、贵州永创生态农牧科技有限公司（生猪养殖基地）。随后，调研组同大坪乡人大副主席唐智飞、工行万山支行行长付晓平、苏湾村党支部书记龙毅、苏湾村村委会主任吴远俊、苏湾村党支部委员吴敬平、苏湾村小学校长龙小河、苏湾村小学教师汪宗清、贵州永创生态农技公司管理员龙永进、龙阳生态肉牛养殖法人龙阳、成涛生态肉牛养殖法人龙金成等人就苏湾村基本发展情况开展调研座谈会，并对苏湾村致富带头人吴先树进行访谈。下午，调研组分别访谈了苏湾村党支部书记龙毅、脱贫户代表杨政华以及苏湾小学校长龙小河。通过调研，调研组认为苏湾村通过多年探索形成了"致富带头人＋农户"的大户经营模式，对集体经济进行了初步探索，苏湾村未来的发展应该以亟待突破的集体经济发展问题为主线，全面提升全村经济发展规模与层级。

一、基本情况与历史沿革

基本信息。苏湾村位于大坪乡东南面，东南方与鱼塘乡的鱼塘村和大龙村相邻，西邻本乡的川硐村，北接本乡柴山村。苏湾村区位条件比较好，交通条件便利，距离大坪乡政府较近，到铜仁、凯里都比较方便。境内海拔最高点（羊寨水塘坡后山）963米，最低点（羊寨地慢河边）400米，平均海拔613米。全村总面积15.68平方公里，总耕地面积1639.8亩，辖18个村民组，740户2492人，以龙、吴、杨等姓氏为主。全村以侗族、土家族、苗族人口为主。苏湾村属非贫困村，有精准扶贫建档立卡户145户476人，其中2014年脱贫1户2人，2015年脱贫21户91人，2016年脱贫25户100人，2017年脱贫86户235人。截至2017年年底未脱贫的有12户47人，贫困发生率为1.74%。全村有党员53人、外出务工人数1000多人、60岁以上老人600多人、90岁以上老人2人、100岁以上老人0人、三无老人12人。

基层组织。苏湾村无驻村第一书记。苏湾村村党支部有3人、村委会有3人、村监委会有3人。村党委支部书记龙毅，村委会主任吴远俊，村党支部副书记吴敬平，村委会副主任桂钦桥，村支部委员杨海英，村委会委员龙亚秀，村监委会主任龙永政。村委会党支部书记、副书记都是2016年换届后开始任职的，主任、副主任、监委会主任都是2017年开始任职的。苏湾村精准扶贫包扶工作组组长唐智飞（大坪乡人大副主席），驻村干部共6人：罗向东（工商银行万山支行员工）、张吉清（万山区安监局工作人员）、吴仕明（万山区安监局危化科负责人）、李琼（万山区安监局员工）、饶鹏（万山区水务局吊井水库副所长）、徐明佐（万山区水务局梅花水库管理所工作人员），其中罗向东

2017年9月进驻苏湾村，其他人2017年6月进驻苏湾村。

乡村特色。苏湾村村名由来暂不可考。据苏湾小学校长龙小河介绍，"苏湾村"原来是"苏弯组"，当时"苏弯"的"弯"没有三点水，因为这里缺水，所以老百姓就希望能多一点水，把"弯"改成了"湾"。据苏湾村精准扶贫包扶工作组组长唐智飞等人介绍，苏湾村没有比较突出的自然风光，但是调研组在调研过程中发现苏湾村整体生态情况较好，山体绿化覆盖率较高。全村支柱产业主要有葡萄、黄桃、樱桃、香柚等水果种植，大棚蔬菜、花椒等农作物种植，生猪、肉牛、羊等养殖。其中村寨特产主要是葡萄、黄桃等。苏湾村还保留着"三月三"山歌节的传统，现在山歌中还保留有怀念老书记龙家贵的歌曲。村里还有鼟锣队，每到春节都会有鼟锣表演。据传说当年贺龙带领红军路过苏湾村时，通过现在大坪乡大坪社区一座石桥，这座石桥因而得名"红军桥"。苏湾村手工技艺主要有制作背篓、布鞋等物件。苏湾村特色饮食主要有腊肉、甜酒等。

二、基础条件与优势特色

在基础设施方面，苏湾村现有集中式安全人饮供水点1个，覆盖全村10个村组所有农户；村已完成家电网全面改造，所有农户均已接入国家电网，享受全国同网同价电力资源；全村已实现"组组通"硬化水泥路，2017年硬化4条"组组通"道路，1条窄改宽道路，实现连户路化率100%；全村实现中国移动、中国电信信号和4G网络无盲区全覆盖，户户实现100%安全住房；全村森林覆盖率为45.7%。

在公共服务设施和公共服务水平方面，全村拥有村级文化综合广

2018年10月17日，连玉明院长一行考察苏湾村大棚蔬菜种植基地。

场1个，全村已安装太阳能路灯80余盏，建有设施完备功能齐全的村卫生室1个，村级完全小学1所。完全小学内设山村幼儿园1所，共有在校生131人（包括幼儿园36人），教师10名（包括幼儿园教师2名）。由于苏湾村外出务工人员多，全村留守儿童占比在60%以上，学校存在学生慢慢减少的情况。全村目前没有养老机构。

在产业发展、务工经济和集体经济方面，据苏湾村精准扶贫帮扶工作组组长唐智飞介绍，苏湾村外出务工人员主要从事建筑、装修、服装等行业，约10~20人是自己当老板或者成包工程项目。苏湾村在产业发展上与其他村的不同点是以种植或者养殖大户为主，集体经济相对比较薄弱。种植、养殖大户主要有葡萄种植大户吴光树、黄桃种植大户吴远俊、村支部书记龙毅与其他养殖户合伙成立的贵州永创生态农牧科技有限公司（生猪养殖）等。村集体经济方面成立了铜仁市万山区中天种养殖农业专业合作社，2017年新建村集体经济中华蜂养殖基地和经济蔬菜种植标准化大棚240亩，将全村2017年底脱贫的建档立卡贫困户86户，纳入贵州年利丰置业有限公司入股分红。

在乡村治理方面，截至2017年年底，苏湾村已全部实现通村、通组公路，已全面实施"五改一化一维"政策，结合家庭情况实施改水、改电、改厕、改圈、改厨、房屋维修、房前屋后硬化，真正改变了全村的村容村貌。全村共计实施危房改造157户，其中2014年实施47户，2015年实施13户，2016年实施71户，2017年实施23户，2018年实施3户。完成实施"五改一化一维"349户，完成率100%，包括建档立卡贫困户125户、一般户224户。此次改造，共改厨268户，改厕77户，改圈17户，改水48户，改电52户，硬化180户，房屋维修69户。

从班子建设情况来看，目前全村有村支部书记1人、副书记1人，支部委员1人，村委会主任1名，副主任1人，委员1名，妇女主任1人，监委会主任1名，委员2名，计生干部1人。苏湾村将全村划分为6个片区，每个片区由1个党小组长负责。

苏湾村形成了本村的村规民约：

> 同事乡邻，听讲分明。
>
> 四言杂字，奉劝村民。
>
> 人生在世，安守本分。
>
> 村规民约，铭记在心。
>
> 饮水思源，懂得感恩。
>
> 讲究卫生，保护环境。
>
> 邻里和睦，团结和顺。

孝敬父母，不忘恩情。

俭则足用，勤则免贫。

爱护公物，大家受益。

如有违规，必然严惩。

屡教不改，法律无情。

苏湾村在乡村治理过程中逐渐形成了院坝会的议事机制，得到了村民的大力支持。

三、实践探索与经验模式

（一）"致富带头人＋农户"大户经营模式逐步成熟

调研组考察了苏湾村几个具有代表性的大户种植和养殖基地，通过调研可以看出，大户经营带动模式已经成为苏湾村产业发展的主要支撑。据葡萄种植基地种植户吴光树介绍，该基地主要种植葡萄和黄桃，面积共计600亩。葡萄种植面积400亩，年产量每亩400斤；黄桃种植面积200亩，年产量每亩3000斤。葡萄市场价每公斤约5元，年产值达到40万元。黄桃市场价每公斤约20元，年产值达到600万。目前基地正在开发葡萄种植新品种"黑美人"，目前市场价是每公斤60元，预期将来经济效益可观。基地正在探索进行葡萄酒酿造，预计于2019年通过试认证，预计年产量达到1000吨。黄桃基地种植户也是村委会主任吴远俊，他介绍了黄桃种植基地的情况。基地面积200亩，每亩约有黄桃树45棵，每棵年产黄桃50公斤，按照目前市场价每公斤20元计算，基地年收入可达到360余万元。基地通过土地流转的方式将土地集中起来进行种植经营，覆盖全村380余人，安排就业20人，每天每人工资100元，

2018年10月17日，连玉明院长与大坪乡人大副主席、苏湾村包村干部唐智飞交流。

采摘季节采摘工人每人每天150元。贵州永创生态农牧科技有限公司是由村支部书记龙毅与几位养殖户合伙成立的生猪代养企业，养殖技术和饲料都由客户公司负责，每头生猪利润200~300元，年产生猪6000头，公司现有员工6人，其中贫困人口4人，每人每月工资3000元。

（二）"专业合作社＋贫困户分红"集体经济模式取得初步成效

近年来，苏湾村对集体经济进行了一些尝试，成立了铜仁市万山区中天种养殖农业专业合作社。2017年投入扶贫资金45万元，新建村集体经济中华蜂养殖基地，新建蜂房两个共300平方米，采购中华蜂292箱，分红覆盖贫困人口475人，2017年脱贫户和未脱贫户每户分红400元。2017年、2018年计划投入扶贫资金2000万元，新建村集体经济蔬菜种植标准化大棚240亩。目前已有110亩蔬菜大棚投入使用，全部种植豇豆。另外130亩蔬菜大棚正在建设施工中。目前蔬菜大棚月收入至少3万元。苏湾村在蔬菜种植大棚上投入较高，为避免蔬菜大棚在后期发展上存在的管理、技术等种种问题，苏湾村专门聘请了专业技术人员，对蔬菜大棚进行管理，大大提高了蔬菜的产量。同时依托区级龙头企业带动，将全村2017年底脱贫的建档立卡贫困户86户纳入贵州年利丰置业有限公司入股分红，其分红标准为家庭人口1~3人1600元／户；4~6人3200元／户；7人以上4800元／户。

（三）"5321结对帮扶"精准扶贫模式取得重要成效

在脱贫攻坚过程中，由区级、乡级干部组建"5321"结对帮扶机制，对贫困户进行一对一帮扶。做好贫困户"一户一档、一户一袋"资料。对扶贫工作实行分区作战，明确目标，划定战区，落实责任，确保扶贫攻坚无盲区。截至2018年10月，共有"5321"帮扶干部39人（其中工行干部22人、区安监局干部3人，水务局干部2人、乡政府干部16人），下派驻村干部有6人（其中工行干部1人、区安监局干部3人、水务局干部2人）。帮扶贫困户145户476人，制定帮扶计划，做到一户一策，精准施策。在脱贫攻坚过程中，全村干部付出了巨大的努力，村支部书记龙毅介绍了当时的工作状态，他原来在乡里开了个移动营业厅，每天经营比较规律，收入也还不错，后来当上村书记后，每天早出晚归，早上出去上班的时候妻子孩子都还没有起来，晚上回来的时候妻子孩子已经睡了，妻子戏称："有老公好像没老公一样。"当调研组问到为什么还要坚持做这个工作的时候，龙书记说："虽然工作很累，但是看到经过自己的努力，自己从小就熟悉的村民日子能一天天好起来，自己觉得很开心。"

四、问题与难点

苏湾村是非贫困村，经济社会发展水平在大坪乡一直处于前列。近年来，随着脱贫攻坚工程的推进，苏湾村在基础设施建设、产业发展、民生改善等方面都取得了进一步发展。但是在调研过程中，调研组发现苏湾村在发展中仍然存在一些问题，尤其是集体经济薄弱是阻碍苏湾村未来可持续发展的关键因素。

（一）集体经济比较薄弱，产业规模仍然偏小

在苏湾村调研过程中，苏湾村村委会干部普遍认为当前苏湾村经济发展中最主要的问题是集体经济还比较薄弱，没有形成很好的发展思路。目前，苏湾村集体经济发展处于起步期，村农业专业合作社刚

2018年10月24日，调研五组、调研六组走访苏湾村葡萄产业基地。

刚成立不久，集体经济仅有蔬菜种植标准化大棚和中华蜂养殖基地两处，都是2017年开始建设的，到目前为止收益还不明显。蔬菜大棚是村集体经济产业的主导产业，已投入使用的大棚只有不到1/2，规模偏小，其种植品种以豇豆为主，品种比较单一。中华蜂养殖基地仅292箱，规模也比较小。据苏湾村精准扶贫包扶工作组组长唐智飞介绍，村里打算专门建设一个农产品示范园，将全村主要的农产品在这里集中展示，另外计划建设一个荷花园，发展观光旅游。可以说，苏湾村已经有了推动农业与旅游休闲融合发展的计划和基础，但是目前看来这些项目还处于计划阶段，还没有形成成熟的产业发展思路，存在规模小、层次低，没有强有力的市场力量参与等问题。

（二）特色产业尚未形成，现代农业培育难度大

苏湾村距离大坪乡政府较近，到周边铜仁、凯里市区都比较便利，有良好的区位优势，但是村集体经济产业类别和周围村落比较相似，没有形成特色产业。比如个人种植大户的产业也以山地葡萄、黄桃、车厘子等为主，与周边村没有太大差别，无明显特色。由于尚未形成优势新型产业，对青壮年劳动力没有吸引力，农村留守人员中老弱病残居多，缺乏劳动力，获取技能渠道较少，接受培训能力较差，仅依靠农户自身发展，规模小、经营粗放，难以形成规模化、现代化产业发展格局。

（三）专业人才支撑不足，资金来源渠道单一

随着苏湾村产业的发展，产品品种需要扩展，产品品质需要提升，集体经济和企业运营管理水平需要不断提升，需要有一批懂技术、懂

管理、懂运营的人才，但是目前苏湾村外出务工人员多，留下来的老弱妇孺多，除了一些大户掌握一定技能外，未来产业发展需要的人才非常缺乏。苏湾村精准扶贫包扶工作组组长唐智飞对调研组说："目前苏湾村的产业大多来自扶贫资金，乡镇财政底子薄，没有充足的资金投入产业发展，未来要想继续扩大产业规模，资金是必不可少的重要因素。"

（四）民生短板依然存在，基础设施建设不容忽视

从基础设施水平来看，苏湾村与大坪乡其他村相比还是比较好的，但是依然存在一些短板。村支部书记龙毅指出苏湾村存在以下三个实际问题。一是产业用水缺乏。全村目前饮用水没有问题，但是农作物灌溉等产业用水一直比较短缺，万山区和大坪乡领导来村里考察过，要求相关部门解决苏湾村的产业用水问题。目前该问题正在解决中。二是全村亮化覆盖率比较低，村里文化活动场所、主要道路等夜景照明不足。三是村里道路还不能通客车，目前村里最宽的道路宽度是4.5~6.5米，而通客车道路要求宽度在6.5米以上，这也是苏湾村今后产业发展的一大障碍。苏湾小学校长龙小河介绍了学校存在的一些困难：一是苏湾小学学校与幼儿园在一块办学，面积仅有2306平方米，面积比较小；二是由于全村外出务工人员多，存在学生流失的情况；三是学校老师流动性也比较大。

五、对策与建议

苏湾村未来的发展要把握新时代发展形势，创新思路，结合国家

2018年10月24日，调研五组、调研六组走访苏湾小学了解学生学习情况。

乡村振兴发展战略，充分发挥村级经济基础、区位特点、资源条件等优势，以市场为导向，以苏湾村亟待解决的集体经济发展问题为突破口，全面提升苏湾村经济发展规模与层级。

（一）全面盘活全村集体资源

全面开展村集体资产清产核资，结合农村土地、房屋、宅基地确权登记工作，摸清集体资产家底。积极推进产权化改革，通过自主经营或公开竞标的方式转让、出租集体资源，盘活农村现有资产，变资产为资本，增加集体收入。积极推进土地流转，在现有蔬菜大棚、中华蜂养殖基地基础上，探索成立村集体土地流转服务中心，在依法、自愿、有偿、规范的前提下，高效推进集中连片土地流转，加强服务、指导，增加集体收入。在改善农业基础条件的基础上引入现代农业项目，统一对外发包，实现土地规模化、集约化经营，提高土地效益，增加集体收入。

（二）大力培育和引进龙头企业

要想发展现代农业，提高苏湾村产业层级，关键在于要充分发挥市场作用，做好龙头企业的引进和培育，充分发挥大企业在乡村经济发展中的辐射带动作用。一方面，要注重培育本土龙头企业。鼓励外出创业成功人士回乡创业，村集体可通过为企业提供招工等服务，增加集体经济收入。积极争取乡党委、政府在财税、人才、土地等方面的政策优惠，推动村集体经济合作组织发展壮大成为龙头企业，采取"一带一""一带多"等方式，带动村庄经济发展。另一方面，要注重对重点龙头企业进行招商引资。积极引入具有现代农业技术、懂市场运营、有市场竞争力的龙头企业，发挥龙头企业成熟的产业运作模式，同时解决产业发展的资金问题，带动地方产业发展。

（三）提升特色农业发展规模和层级

结合苏湾村产业基础，结合市场需要进行调研，瞄准市场中高端需求，在现有豇豆种植基础上，积极引入附加值高的特色种植品种，摆脱品种单附加值不高的问题。依托土地整治和土地流转契机，提高土地流转效率，充分利用土地资源，扩大特色农产品种植规模。设立党员示范岗，实行分区划片、责任管护、精细管理。加大技术投入力度，购置技术设备，加大技术管理人员外出培训力度，努力提升产出效益。探索集体经济与龙头企业合作模式，采取土地出租、企业运营、农户入股分红的方式，发挥龙头企业的技术、人才、运营优势。

（四）完善产业链条推进跨界融合发展

打破村与村之间的行政界线，整合苏湾村内外的产业资源，延伸上下游和不同产业之间的链条，促进跨行业、跨产业、跨区域、跨属性深度合作，加快动能转换，促进"全面开花"。比如以葡萄、黄桃、车厘子等种植业和生猪、牛羊、中华蜂等养殖业为核心，与周边产业关联村、企合作，上连饲料加工等产业，下接原材料输送、农产品深加工、衍生品生产等产业，逐步形成"一产接二连三"的发展格局，加快农业产业化的发展和农业现代化的推进。

（五）探索农旅一体化产业融合发展模式

充分发挥苏湾村生态优势，结合未来重点发展的特色种植品种，成立生态旅游合作社，着力打造农旅综合体，拉长产业链条，提升发展层次。规划设计以发展农产品种植采摘为核心，集农业观光、农事体验、文化感悟、休闲娱乐于一体的农旅综合体，努力打造铜仁市、万山区、大坪乡及周边居民一日游、亲子游等娱乐休闲教育基地，积极引进农旅开发建设企业，对农旅一体化发展进行统筹谋划，引入社会资金对旅游基础设施进行开发建设，逐步将农旅产业发展成为村集体经济新的增长极。同时，通过农旅产业的发展，将乡村道路、农田水利、安全饮水、亮化照明等基础设施建设与产业开发建设结合起来，带动全村基础设施改善，补齐短板。

参考文献

1. 铜仁市万山区转型可持续发展大调研组：《大坪乡苏湾村调研简报》，2018。

2. 中共泰安市委组织部：《农村集体经济发展新动能》，2017。

3. 大坪乡苏湾村：《苏湾村2017年脱贫攻坚工作总结》，2018。

4. 铜仁市城乡规划勘测设计研究院：《铜仁市万山区大坪乡苏湾村村庄规划（2018—2035年）》，2018。

夕阳无限，山峦层叠，一方耕地，一丘梯田。那山腰、那山脚是我的思念，也是对我的挂念。

　　纵横交错的，是岁月的痕迹，是脸上的沟壑。手中拿着的是丰收的喜悦，是儿时的记忆。心中期盼的，是游子的归音。

宛如夕阳，难以割舍；宛如春风，无法挽留；清风划过，山间角楼。
今春看又过，何时是归年？

探索"三化"发展模式 提升内生发展动力

——瓮岩村调研报告

2018年10月22~23日，铜仁市万山区转型可持续发展大调研第六小组高桂芳、蒋承恭赴大坪乡瓮岩村开展了为期两天的调研，围绕精准扶贫、精准脱贫和转型发展等问题开展调研工作。调研组与村支书张先进、村委会主任杨俊、村监委会主任廖祖华、驻村第一书记叶英都、村支部副书记吴起林、村委副主任杨礼秀、村委会委员杨新华、村监委会委员舒继牛、瓮岩村包村干部曾小丫、村计生专干廖七林、村警务助理吴宝客、塘元村民组组长杨木军等进行了座谈，实地考察了800亩桃树和200亩苹果等精品水果种植基地、大棚蔬菜种植基地、桃园林下养殖、生猪养殖基地等产业项目，对村支部副书记吴起林、瓮岩耀珊春蕾小学校长舒梦奇、致富能手廖祖华进行了重点访谈，走访了清坪组、新寨组、角山组、丰岩组、下塘元组、崇山组等村民组，对杨通祥、杨后发、杨胜发、杨光权、舒亚亚、杨木军等10户进行了入户调查工作，实地走访瓮岩耀珊春蕾小学、村卫生所等公共服务场所，全方位了解了瓮岩村在产业转型、精准扶贫、文旅融合、民生保障、生态保护等方面的情况。调研组在梳理瓮岩村取得的积极成效、典型做法和经验模式中发现，虽然瓮岩村自然条件优越、基础设施比较完善、发展速度位居大坪乡前列，但产业发展起步晚、基础薄弱，结构相对单一缺乏长远和全面的规划，未来要从实际出发，以"农旅一体化"为主要抓手，打造农村观光旅游区。

一、基本概况和历史沿革

瓮岩村位于大坪乡西北面，平均海拔620米，东、西、北三面与江口县相邻，南面与铜锣村、大冲村相依，距大坪乡政府驻地11公里，距万山区政府60公里。全村面积13.73平方公里，地势平坦，土地肥沃，周边山洞、溶洞甚多。村内有全区第一坝——连片的千亩瓮岩坝，岔河从坝中贯穿而过，十分适宜发展种植业。全村林地资源丰富，森林覆盖率达65%。

1919年，铜仁县设置大坪、瓮岩（乡）、清塘等小乡。1949年11月，称大坪乡第十保，下辖中寨（大院子）、塘元、清坪、角山（湾头、新寨）、丰岩、瓮岩（花坪）、思保田、凯文、清水塘等9甲。1950年10月，废第十保建立第十行政村公所，隶属大坪乡公所。后历经撤建和机构改革，于1984年撤销当时的瓮岩生产大队管理委员会，建立瓮岩村民委员会，隶属羊寨乡人民政府。1992年，划归大坪侗族土家族苗族乡管辖。2007年3月，铜仁市开展撤并村工作，瓮岩村与大冲村合并成立大冲村，撤销原瓮岩村民委员会。2011年，撤销铜仁地区及所辖铜仁市、万山特区，设立地级铜仁市，下设碧江区、万山区，大坪乡划入万山区，瓮岩村从大冲村分拆出来，恢复建立村民委员会至今。

瓮岩村下辖6个片区、14个村民组，全村户籍人口508户1593人，易地搬迁户14户51人。以侗族、苗族、土家族人口居多，姓氏多为杨、廖和舒姓。目前村内有60岁以上老人362人、90岁以上老人3人。

瓮岩村属于一类贫困村，于2017年顺利通过脱贫验收。现有建档立卡户133户376人，其中未脱贫3户6人，贫困发生率为0.38%。

瓮岩村村支监"三委"共9人，村支书张先进，万山区国家国防教育办公室主任，于2017年8月下派进入瓮岩村挂职；村委会主任杨俊，于2013年11月开始任职；村监委会主任廖祖华，于2017年3月开始任职；驻村第一书记叶英都，是万山区安监局宣教科负责人，于2016年11月开始任职；驻村工作队常驻队员共4人，分别为大坪乡政协工作委员会主任杨少华、驻村第一书记叶英都、村支部副书记吴起林和大坪乡政府行政服务中心工作人员曾小丫。全村有党员33人（含领导班子4人）。

瓮岩村内有桃子、桃花蜜、红粑、野生猕猴桃、野生板栗等特色产品。村里少数民族村民多会唱山歌，民风淳朴、热情好客。

二、基础条件和优势特色

基础设施情况。村内水源充足，人饮工程已实现全覆盖。目前通村、通组、连户路均已实现了硬化，部分道路铺设了沥青，村内通村公路12公里，通组公路3条共8公里。网络信号覆盖无死角，农户用电已同网同价。各片区实现了太阳能路灯覆盖，丰岩、中寨、塘元、瓮岩四个片区及部分主干道修建了花池，并在中寨居民点瓮岩坝建设有停车场和旅游公厕。

公共设施和服务情况。在教育方面，建有一所完全小学——瓮岩耀珊春蕾小学，含2个学前班，全校学生160余名，教师9名。在医疗方面，建有卫生室1所，有1名村级卫生员，医疗设备比较齐全。在文化方面，建有村民文化活动广场和讲习所，方便村民开展文化和教育培训活动。目前村内有1所养老院，为村里的老人提供养老和休闲服务。

产业经济发展情况。瓮岩村以种植和养殖业为主，目前种植有800亩桃树和200亩苹果的精品水果种植基地、大棚四季生态蔬菜110亩、2个养猪场代养生猪1300余头、中华蜂养殖150群、林下养殖1000只旱鸭和400只鹅。其中精品水果种植产业2017年已实现全村贫困户人均分红200元，2018年将对全村村民实行分红。近年来，瓮岩村以千亩瓮岩坝地势平坦和土地肥沃的优越条件为基础，大力发展桃树种植产业，并以每年桃花盛开与桃树结果两季为主要旅游时间节点，打造桃花寨旅

2018年10月17日，连玉明院长一行考察瓮岩村桃花寨。

游景区。2018年，高峰期游客量一天最高能达到2000余人。

务工经济发展情况。全村外出务工人数400人左右，以在浙江、福建以及铜仁市本地务工为主。

乡村治理情况。村内目前还缺少污水和垃圾集中处理设施，环境治理强度较低。自2014年以来，瓮岩村共实施危房改造134户，实施"五改"378户。瓮岩村以"和为贵""孝为先""勤为宝""俭为德"为村训，以"热爱祖国、爱护家园，转变观念、与时俱进"等内容作为村规民约进行思想文化教育。

三、创新实践和经验模式

瓮岩村党支部书记张先进介绍，以前提及瓮岩村，外人的印象就是"土地荒废、村无产业"。如今，在万山区加快推进转型可持续发展的背景下，特别是在国家政策的大力扶持下，在区委、区政府的统筹部署下，在乡党委政府和村支"两委"的带领下，瓮岩村一是狠抓脱贫攻坚工作，通过危房改造、易地扶贫搬迁，建立帮扶责任制进行帮扶工作，将产业覆盖所有贫困户，于2017年顺利完成脱贫工作，一跃成为大坪乡脱贫致富的典型代表。二是不断健全基础设施建设，实现人饮工程全覆盖、通村通组以及连户路硬化、网络信号全覆盖、各片区太阳能路灯覆盖等工作。三是大力发展产业经济，利用千亩桃园种植打造"桃花寨"旅游景区、建设大棚四季生态蔬菜、建设林下养殖基地等。

《乡村振兴战略规划（2018—2022年）》提到，要把握城乡发展格局发生重要变化的时代机遇，培育农业农村新产业新业态，打造农村产业融合发展新载体新模式，推动要素跨界配置和产业有机融合，让农村一二三产业在融合发展中同步升级、同步增值、同步受益。

近年来，瓮岩村立足本村基本情况和优越的自然条件，总结经验做法，坚持"产业园区化、园区景区化、农旅一体化"的规划思路，通过实地深入调研，外出"取经"学习等方式，确定"公司＋合作社＋农户（贫困户）"与"721"相结合的产业经济发展模式，打出了"乡村振兴示范村"和"市级乡村旅游示范点"两块响亮的牌子。

（一）充分利用产业空间集聚和循环经济效应，实现产业园区化

产业园区化开发要以产业为核心，以市场为导向，以科技为动力，以战略性结构调整和功能调整为主线，通过发展模式的转换，把农业发展成为集生产、生活、生态功能于一体的综合产业，形成产业空间集聚的现代园区化发展体系。2016年，瓮岩村利用瓮岩坝优越的自然条件种植了500亩精品桃树和200亩苹果，2017年底扩种300亩桃树，并于2017年初挂果，2018年丰收。根据瓮岩村驻村第一书记介绍，目前桃子市场的销售情况良好，还没有向外推广，就已收到大量订单，桃子被迅速订完。连片的桃园集聚为将种植产业打造成园区模式奠定了良好的地理空间基础，通过紧贴精品水果种植发展林下养殖产业、经济大棚蔬菜种植基地、中华蜂养殖基地等。产业空间的集聚使产业间可以"相互借力"，形成良好的经济循环体系，将瓮岩村打造成蔬菜养殖、林下养殖循环经济产业园区。

（二）调动园区要素和推进农业产品品质升级，实现园区景区化

园区景区化的实现，要求当地农业产业进行转型升级，为旅游业

2018年10月17日，连玉明院长一行考察瓮岩村大棚蔬菜种植基地。

发展提供视觉优美的背景景观、自然生态良好的活动空间、品质优良的旅游商品、特色鲜明的乡土餐饮、类型多样的体验活动和内容丰富的民俗节庆，以农副产品生产为主的传统农业必须向多功能农业转型，为旅游业发展提供重要支撑，着力发展一种交叉型、高效型、生态型的现代农业形态。瓮岩村充分调动园区内产业要素，利用桃园高观赏性、可采摘的特点，在有效保护当地生态环境的情况下，以桃园为主体进行景区规划。桃园为景区提供了视觉基础，以桃子为主，四季生态蔬菜、蜂蜜等多种农产品的共同开发将形成当地特色饮食名片，瓮岩村党支部副书记吴起林说，下一步正在计划围绕桃园生态，修建家庭式宾馆、打造民族特色活动，为园区的景区化做准备。瓮岩村采用景区的管理模式将种植产业逐步推向旅游市场，通过当地电视台、"微万山"微信公众号进行宣传推广，围绕桃园修建停车场和旅游公厕，将桃花寨打造成为高品质的旅游景区。

（三）积极推动农村产业与旅游产业相互融合，探索农旅一体化

推行"农旅一体化"发展模式，让农村产业与旅游产业融合共同发展，利用农村生态旅游的丰富资源，带动农村事业的发展，是实现乡村振兴的重要路径与抓手。"农旅一体化"战略是一项多产业、多部门协同合作的战略，要根据当地最具优势的旅游资源，通过系统的规划与设计，形成具有市场竞争力的旅游目的地，带动乡村全面振兴。瓮岩村积极开发当地农业旅游资源，始终围绕"农旅"模式，不断深化产业融合模式。"千亩桃园"是瓮岩村最大的自然优势和特色，桃园观赏性强，兼具采摘的功能为瓮岩村提供了天然产业融合途径，并在大坪乡内打出了名气。配合林下养殖与大棚蔬菜形成的循环经济模式，瓮岩村将以体验农业作为下一步的发展重点，充分利用农产品的功能，合理开发当地土地和自然资源，进行"农旅融合"，吸引更多游客，扩大产品销售渠道。同时，瓮岩村紧靠大冲村，与黄腊溶洞景区相连，将借"市级乡村旅游示范点"成功申办的契机，将瓮岩村打造成大坪乡的重点农村观光旅游区。

四、突出问题及原因分析

（一）景区受季节影响严重，旅游淡季缺乏规划

瓮岩村将桃园作为旅游业主体，以桃花观赏和果实采摘作为主要旅游资源进行开发建设。在正常情况下，桃花花期约为一个月，果实成熟期也约为一个月。一年中，由于桃树的生长本身具有强烈的季节

性和周期性，所以除了花期和结果期两三个月所带来的旅游旺季，其余时间都难以吸引游客。

在"农旅一体"的模式下，瓮岩村围绕桃花寨景区，开始发动周边村民利用自家房屋发展"农家乐"，建设餐饮山庄、游泳池等配套设施。根据村支部副书记吴起林介绍，因为桃花寨景区依赖桃树种植带来的旅游资源，旺季能吸引游客，但是目前在旅游淡季并没有进行具体发展规划。一是浪费了大量的土地和自然资源，无法形成持续稳定的收益；二是淡季客流量大量减少，会迅速拉低周边居民的收入水平，造成巨大的收入落差，对全村经济发展带来强烈冲击。

（二）内生动力不足，资金断流风险制约产业发展

得益于扶贫资金的大量投入和相关单位的大力扶持，瓮岩村发展

2018年10月22日，调研组实地考察瓮岩村黄桃种植基地。

十分迅速，路灯、花池等基础设施的铺设和建设位于全乡前列，并建设成万山区乡村振兴示范村。随着瓮岩村的脱贫摘帽，扶持资金和政策将会面临断流的风险。

瓮岩村产业基础依然十分脆弱，无论是林下养殖、大棚蔬菜、中华蜂养殖，还是生猪代养等产业，不仅产品同质化高，并且大多处于试验或初具规模阶段，目前还无法产生反哺效益。同时，村内无龙头企业带动，自身动力不足以推动全村经济发展，还处于"输血大于造血"的阶段。面临未来缺乏大量资金投入的情况，目前瓮岩村在顶层设计上还缺乏相应思路，仅仅依靠自然和政策资源优势，无法形成稳定持续性产业，将对未来发展产生制约。

（三）基础设施尚未完善，交通成为旅游发展瓶颈

瓮岩村位于大坪乡西北面，虽然土地肥沃、自然条件优越，但位置相对偏远，入村道路狭窄，区位因素与交通条件成为其发展的劣势。

目前瓮岩村道路拓宽工作正在进行，但由于涉及村民征地问题，工作推进较慢。在区位的天然劣势和交通方面的基础设施尚未健全的情况下，对游客的吸引力将会大大降低，制约全村旅游产业的发展。根据村主任杨俊介绍，虽然在瓮岩村宣传方面投入了大量精力和资金，桃花盛开期的人流量最高达到了每日2000余人，但跟其他旅游发展成熟的地区相比，还存在不小差距。以桃树种植为主的"桃花寨"景区，经济效益还是处于相对较低的水平，难以带动周边产业发展。相关基础设施的尚未完善与交通不便的因素将成为农旅一体化推进过程中的瓶颈。

五、对策与建议

（一）立足观光农业的周期性规律，进行旅游建设规划

针对瓮岩村观光农业周期性、季节性的规律和特点，要从"桃花寨"景区主打品牌入手，对产业建设进行全面规划。

一是全村要树立"种桃不为卖桃"的意识，将桃园作为吸引游客、拉动村内消费、提升村集体经济发展的抓手和引擎；二是分阶段、分季节，因时制宜地进行旅游产业规划，根据当地的时令风物，按照季节轮换，融入景区项目规划，如利用四季蔬菜大棚不受季节影响的优势，开展"体验农业"，丰富旅游层次；三是增加配套游玩项目，借助当地优越的自然环境，将不同季节的景观相结合，融入更多的消费元素，重视保持传统的民族风貌，做到"淡季不淡"。

（二）围绕主体产业苦下功夫，做大做强提升内生动力

面对瓮岩村产业基础比较薄弱，大多产业处于初具规模还无法形成效益的现状，要认真考虑如何在离开"输血"时，还能进行稳定的"造血"活动，形成健康的良性循环。

一是要发展特色产业，根据大坪乡产业发展的基本情况，瓮岩村产业产品同质化程度较高，市场竞争难度大，所以要紧贴桃花寨旅游景区，发展可与景区互补结合的循环经济，在林下养殖产业方面下功夫，提升产业发展自主性。二是要着力培育懂瓮岩、爱瓮岩的农村人才队伍，通过招商引资引进龙头企业带动，以"乡贤会"为纽带，通过乡情乡愁吸引企业家、外出务工致富能人回乡任职，通过专业技术人才承包项目、投资创业，帮助乡村事业的振兴。为瓮岩小学奉献了

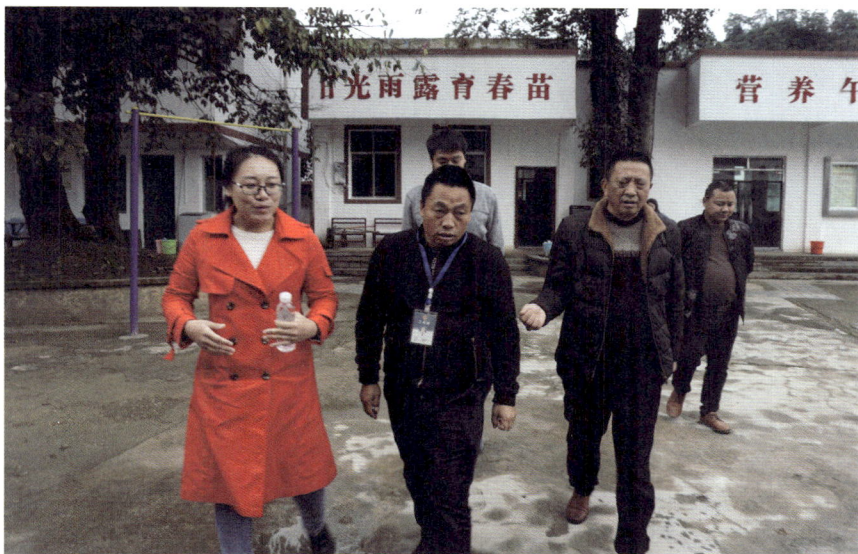

2018年10月23日，调研组在大坪乡瓮岩村耀珊希望小学考察。

18年的校长舒梦奇说："留在瓮岩，靠的就是一份瓮岩情节。"三是要创新培训机制，引进专业技术人才进行指导，支持致富带头人、专业技术协会等大规模开展村民技能培训，提高劳动力水平，建设"留得住、用得上"的本土人才，从内部提升产业经济发展水平。

（三）加快配套设施建设与宣传工作，推动农旅一体化

瓮岩村地理位置相对偏远、交通不便、配套设施不齐全，制约了农旅一体的产业经济模式发展，所以要健全相关配套设施，打造瓮岩品牌效应，为全村发展打造良好基础。

一是要借力紧靠大冲村黄腊溶洞景区的地理优势，抓住黄腊溶洞开发所带来的交通设施建设机会，将自身交通设施建设结合外力共同推动，打造便捷的交通网络。二是要加快建全配套设施，特别是目前

村内餐饮、住宿十分缺乏，留不住游客，村内消费难以拉动。配套设施要与景区建设同步进行，加快推进"农家乐"、休闲娱乐等设施建设工作，打造立体化、全方位的旅游消费模式，提升农村观光旅游区的体验感。三是要做大品牌，提高宣传力度。实施"走出去"战略，通过媒体平台、网络渠道等多种方式加强对外宣传，打响瓮岩品牌特色，提高影响力和知名度。

参考文献

1. 罗必良、胡茬光：《以产业园区化推进农业产业化——东莞农业发展的战略选择》，2007。
2. 朱未：《桐乡市乡村旅游的发展现状与对策研究》，2015。
3. 向俊锋、宋山梅：《乡村振兴背景下"农旅一体化"发展战略研究——以黔南地区为例》，2018。

乡愁大冲

荒原家乡，日出东方，鳞次栉比的养殖场，一排排白杨，仿佛慈
母、小儿的呼唤，唤你回乡，创一片繁荣景象！

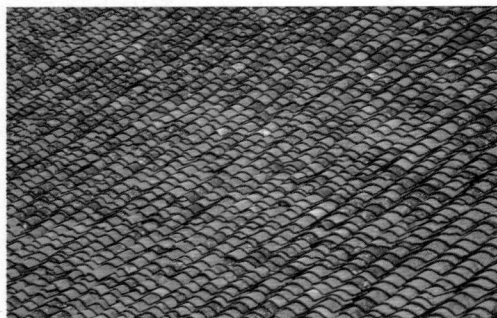

灰色的瓦片，安静的画面。那若隐若现的电线，仿佛童年手中，被挂断的风筝线。风筝房顶搁浅，笑声定格……何时找到回家的路？何处是流浪的终点？

播下种子，种下希望，呵护它成长。待来日丰收，却只能远远观望，即便只是观望，仍掩不住心中的欢畅……

夯实"农"基础　做好"文"引领

——大冲村调研报告

2018年10月17~19日，铜仁市万山区转型可持续发展大调研第六小组高桂芳、蒋承恭赴大坪乡大冲村开展了为期3天的调研。调研期间围绕精准扶贫、精准脱贫和转型发展等问题开展调研工作。调研组与大坪乡人大主席张志，大冲村村支书吴战成、村主任罗建国、驻村第一书记徐一帆、村支部副书记代江华、村委副主任廖坤玉、村妇女主任杨英、驻村干部宋道新、村支部委员代同彬、村监委会委员代生芝和代芳军召开村委座谈会议，实地考察肉兔养殖繁育基地——贵州武陵兔业有限公司、黄腊溶洞景区旅游开发建设项目以及冰源娃娃鱼养殖基地，对村支部书记吴战成、驻村第一书记徐一帆、致富带头人代芳军、大坪乡中学教师罗君章进行重点访谈，走访坳田组、黄腊组、伞江组、下寨组、腰合组、大湾组、洞湾组、金竹组、石家寨组等村民组，对杨秀珍、吴春梅、吴光明、杨平珍、祝英、罗米梅、杨连花、罗世音等村民进行了入户调查工作，实地走访大冲村建行希望小学、村民讲习所、黄腊片区活动中心等公共服务场所，全方位了解大冲村在产业发展、精准扶贫、文旅融合、民生保障、生态保护等方面的情况。

调研组在梳理大冲村取得的积极成效、典型做法和经验模式时发现，大冲村自然条件优越，生态保存完好，经济发展迅速，目前正在围绕黄腊溶洞旅游景区建设进行产业规划。但是由于大冲村产业经济起步晚、基础薄弱，在各方面发展上依然受到很多掣肘。未来大冲村需要从实际出发，抓住并利用好黄腊溶洞景区开发建设的机遇，发展特色产业，打造"农文旅"一体的美丽乡村。

一、基本概况和历史沿革

大冲村位于大坪乡西面，平均海拔533米。东面、东南面和南面与铜锣、白果、地慢村交界，西面与江口县接壤，北面与瓮岩村毗邻，距大坪乡政府8公里，距万山区政府57公里。全村面积13.35平方公里，以山地和森林为主，森林覆盖率达45.7%。

1957年将"大冲"作为村名，取大步冲锋之意。大冲村下辖23个自然村寨，共28个村民组，共有764户2564人，村民以侗族为主，占全村人口比例的88%以上，姓氏多为杨、代、吴和罗等姓。目前村内60岁以上老人有365人，90岁以上老人有1人，"三无"老人有13人。全村党员有47名，共成立9个党小组。

大冲村在2017年完成脱贫验收前，属于一类贫困村，现有建档立卡户225户758人，其中未脱贫21户72人，贫困发生率为2.69%。

大冲村支监"三委"共有9人，其中村支书为吴战成，村委会主任为罗建国，村监委会主任为杨宗保。驻村第一书记为徐一帆（万山区财政局办公室工作人员，2017年12月任职），驻村工作队常驻队员共有2人，分别是徐一帆和李雍（2017年2月任职）。

2018年10月17日，连玉明院长与大冲村驻村第一书记徐一帆、村支部书记吴战成交流。

大冲村民风淳朴，热情好客，当地有糍粑、红粑、蒸粉、泡汤肉等特色饮食，有竹篓编制等传统手艺，有花灯戏这一历史悠久的戏剧文化。每年农历三月初三，依然可见村内年轻的男女对唱情歌。农历正月初二到正月十五，大冲村还会举行花灯龙灯节，十分热闹。

二、基础条件和优势特色

自然风光情况。大冲村自然条件优越，有一处历经了上百万年地质变化而形成的地下暗河与大型溶洞相连的独特喀斯特地貌景观——黄腊溶洞。根据大坪乡人大主席张志的介绍，黄腊溶洞有着"河上有河，洞中有洞"这一其他溶洞景观少有的优势特色。铜仁市计划将黄腊溶洞打造成市级4A级风景旅游区，目前正在施工建设中。大冲村内的主要河流有黄腊河和羊寨河，水质条件良好，可达到养殖生物活化石娃娃鱼的要求。保存完好的生态环境为当地发展文旅产业提供了得天独厚的基础条件。

基础设施情况。大冲村紧靠S15（铜大高速）和S201，现有铜仁市万山区至岑巩县（X502）、大坪至江口两条对外联系道路。通村公路在村内总长17.5公里，目前全村实现了27个村民组公路硬化全覆盖，并建成桥梁两座。村道路两侧共安装太阳能路灯60余盏。建成人饮工程4个，全面解决村民的生产生活用水问题。全村共有12台变压器和一个小型水电站（黄腊水电站），早在1989年，大冲村已全面解决村民用电问题。2018年，已建设完成"广电云"户户通项目，基本实现电视网络全覆盖。

公共服务情况。在财政局对口帮扶下，投资150万元，建成了集办公楼、医疗卫生室、村文化广场和农家书屋等设施于一体的村级活动阵地。在养老方面，大冲村建有幸福院，设有棋牌等娱乐设施，为老年人提供休闲服务。在医疗方面，有两个卫生室，共2名医疗人员，但硬件条件仍需继续完善。在教育方面，建有村小学1所，含1~6年级共6个班及2个学前班。目前学校共有16名教职员工，其中教师8名。学校已为全部学生提供免费营养午餐，目前因教学场所较小、处于地质灾害点，正在计划将校区迁至村委会附近。

产业经济情况。2010年以前，大冲村是一个"空壳村"，无产业发展。2010年后，村集体开始大力发展产业。目前市级旅游项目黄腊溶洞景区正在开发建设，贵州武陵兔业有限公司肉兔养殖繁育基地、富民强村养牛场两项主要产业项目已经建成运营，并实现全体贫困户分红。肉兔养殖繁育基地实现225户建档立卡贫困户人均分红200元,富民强村养牛场人均分红100元。同时,大冲村落实万山区产业奖补政策,兑现24户建档立卡贫困户产业奖补7.2万余元。黄腊溶洞旅游景区的开发建设,将与梵净山、朱砂古镇、湖南凤凰古城等形成旅游资源整合优势,将以旅游产业带动全村产业转型,巩固脱贫成效,把大冲村打造生态环境优美、基础设施完善、人民生活富裕、农旅一体化的美丽乡村。

文化传承与乡村治理情况。在古村寨的保护方面,村内的大土坮古村落,还留存有清朝时期修建的五栋大木房。在卫生环境方面,大冲村新建垃圾池30个,实现村民组全覆盖,解决了环境卫生脏乱差问题。在房屋改造方面,完成农村危房改造项目150户,实施"五改一化一维"项目615户。在精神文明建设方面,每月村支"两委"领导班子组织村民小组召开院坝会、通过走访开展家庭会以及政策集体培训等活动,保证将政策和文化教育传达到每家每户。

三、发展实践探索和经营模式

在万山区加快推进转型可持续发展的背景下,特别是在中央精准脱贫、精准扶贫政策的支持下,大冲村积极探索、主动创新,按照"三真三因三定"的要求,带动村民开展脱贫攻坚工作,于2017年顺利脱贫摘帽。近年来,大冲村以黄腊景区开发建设为依托,按照"农文旅"一体化的发展思路,在基础设施、产业转型发展等方面都取得了显著成效。

（一）以"农"为基础，大力发展循环经济产业

产业是村民增收致富的源头活水，是乡村经济振兴的强力引擎。近年来，大冲村紧紧围绕黄腊溶洞的旅游资源开发建设，充分结合本村自然条件、立足本村基本情况、客观认识自身发展短板，以种植、养殖业作为产业基础，采用内外相结合的产业发展模式，逐步培育起具有本村特色的优势产业，形成循环经济效应，带动全村整体发展。一是大冲村村委领导班子带头，经多方考察学习，基于本村山多地少和产业基础薄弱的情况，看中兔业养殖占用耕地面积较少、技术成熟、风险低、见效快的特点，投资了300万，建成了肉兔养殖繁育基地——贵州武陵兔业有限公司。主要通过贩卖种兔、餐饮业零售和批发等三种营销模式，实现生产总值36万余元，贫困户人均分红200元。随着市场需求和饲养规模的增长，将推动兔业养殖由人工向自动化发展。同

2018年10月17日，连玉明院长一行考察大冲村肉兔养殖产业。

时，大冲村还将在兔场周围建设蔬菜大棚，将兔子粪便作为蔬菜肥料，将部分蔬菜作为兔子饲料，实现产业循环，走绿色生态、可循环的发展道路。2016年，投资150万建成大冲村富民强村养牛场，目前存栏黄牛128头，截至2017年底，贫困户人均分红100元。目前初具规模的兔、牛养殖，以及正在建设的大棚蔬菜种植等农产业将为下一步大冲村进行乡村旅游建设提供坚实的农业基础和产品供应支持。二是用好多元发展基金和政策，激励发展。大冲村充分发挥市级产业子基金的扶持作用，将大冲村159户贫困户入股贵州万仁新能源汽车集团有限公司，截至2017年底，实现贫困户分红1600元。通过落实万山区产业奖补政策，鼓励和增强贫困户参与产业发展的积极性。

（二）以"文"为引领，加强基层乡村社会治理

在产业发展带动脱贫致富的同时，大冲村也十分注重文化和精神文明建设工作。村委会主任罗建国充分发挥党员干部的文化引领作用，曾赴四川考察学习"汶川精神"，带动群众转变原来的"等靠要"思想，激发群众发展内生诉求。一是积极建设文化活动阵地，如讲习所、农家书屋、文化活动广场等设施；每月积极开展"三会一课"，对全村村民进行文化教育和政策宣传工作。二是通过开展感恩会、集体观看爱国主题电影、"三月三"唱山歌、九九重阳节慰问、和谐家庭和勤劳模范表彰等活动，深入挖掘地区特色文化资源，增强村民的内在活力，树立正确价值观和文化自信，提升村民集体意识和精神品质。三是根据发展需要和群众需求，举办一些电工、刺绣、养殖和种植等技术培训课程，进一步提高村民的劳动技能和文化素质，让物质文明与精神文明协调发展。同时，通过合作社的形式让贫困户入股分红，树立脱

贫信心，让贫困群众正确认识差距，激发脱贫致富的内生需求和动力。

（三）以"旅"为核心，加快完善基础设施建设

大冲村作为一类贫困村，地理位置偏远、交通不便，成为当地发展的重要制约因素。在脱贫攻坚战时期，村委领导班子将基础设施建设放在发展的第一位，特别是在黄腊溶洞景区开发建设后，大冲村围绕景区建设，以乡村旅游产业发展需求为导向，以建设和谐旅居环境为目标，不断完善基础设施建设，打造生态宜居的美丽乡村。目前，大冲村已实现了全村27个村民组公路硬化全覆盖，通往景区的公路正在施工建设中，通村通组公路的建成将为景区开发和游客吸引提供良好的交通基础。通过开展"五改一化一维"项目，修建垃圾池等改善村容村貌，建设宜居环境，为接下来乡村旅游产业的发展提供良好硬件环境支撑。整合扶贫资源，完成"广电云"户户通，实现电视网络全覆盖，建设电商网点，为旅游产业提供线上支持。建成集文化、医疗、教育等设施于一体的综合性村级活动阵地，推动大冲村向宜居、宜旅的"农文旅"一体综合性乡村发展。

四、存在问题和工作难点

大冲认真贯彻中央和国家精准脱贫政策，坚决落实各项工作职责，充分利用区财政局对口帮扶单位的资源，打赢了脱贫攻坚战，全村村民生活水平得到极大提高。下一步，在脱贫成果巩固时期进一步稳定村民收入、推动农村经济转型、实现可持续发展，还面临着一些问题和难点。

2018年10月17日，连玉明院长在大冲村脱贫户杨禾清家品尝自制苕酒。

（一）科技管理型人才缺口较大，劳动力整体素质有待提高

以发展产业经济带动村集体发展致富，离不开高素质的人才资源。受限于整体受教育水平较低，大冲村当地的劳动力综合素质难以匹配产业发展，特别是黄腊溶洞的景区开发建设之后，人才问题将是未来发展的一大难题。一是劳动力水平难以匹配乡村旅游的人才需求和景区运行的岗位要求。景区的开发将带来大量的保安、保洁、导游等技术和服务岗位，但是当地村民受教育水平较低，包括普通话等相关技术和服务能力相对欠缺，当地劳动力不仅难以支持旅游产业的发展，还有可能被外来的高素质人才"挤出"。二是人才结构亟待优化。村支书吴战成反映，大冲村村委班子年龄结构整体偏大，缺乏创新思路和长远考虑，将成为制约发展的大问题。在乡村发展思路方面缺少顶层设计，将成为全村经济发展的瓶颈和制约。三是技术和管理人才欠缺。

驻村第一书记徐一帆介绍，在国家大力推行产业精准扶贫的政策下，大冲村的产业从无到有，发展速度很快，对农业、旅游业技术和管理人员的需求也与日俱增，仅靠定向合作企业的技术指导已经难以满足村集体经济的发展需要。此外，现有的具有一定技术能力的人员大多为外出务工人员，以建筑和室内装修技术工种为主，缺乏高端技术人才，难以形成强大的内生动力支撑全村产业进一步规模化发展。

（二）产业发展起步晚基础薄弱，产业结构有待进一步优化

大冲村多山地和丘陵，传统农业以村民分散经营为主，产业经济效益不高。按照2015年习近平总书记在贵州考察时提出的扶贫开发工作要求，大冲村以国家大力实施精准扶贫、精准脱贫政策为契机，开始启动地区产业发展。但是由于大冲村地理位置偏僻，当地村民思想开放程度不高，地区经济发展水平落后，产业基础仍然十分薄弱。大冲村先后探索了核桃、葡萄、蔬菜大棚种植以及兔、牛养殖业，在这些先行先试产业中，目前初具规模的只有养兔和养牛产业，蔬菜大棚产业尚处于规划建设阶段。从总体上看，当前大冲村处于村集体产业经济探索的初级阶段，农业产业化基础薄弱，规模化发展水平有待提高，市场潜力和品牌打造有待进一步挖掘。

（三）黄腊溶洞景区开发较缓慢，相关工作亟须理顺厘清

大冲村优越的自然条件是实现地区转型可持续发展的根本依托，黄腊溶洞凭借"河上有河、洞中有洞"的奇特地貌景观，以及周边生态环境良好的特点，计划打造成为铜仁市市级4A级风景区。因此，要充分借助黄腊溶洞景区项目带动大冲村的基础设施建设工作，推动乡

村旅游发展和产业转型。目前，黄腊溶洞景区一期工程已经开始建设，预计2019年完工，但因为村整体经济收入水平和村民的思想认识水平不高，加之发展缺乏科学的统筹规划，产业开发抗风险能力还比较欠缺，在景区开发建设的初步阶段，相关工作亟须理顺厘清。一是需要解决好村民搬迁工作。目前，景区一期工程开发工作开展顺利，只有一户村民尚未搬迁，但二期工程将涉及400户左右村民的搬迁工作，搬迁工作涉及的工程量大、村民众多，且村民搬迁意愿不高、搬迁成本较高。二是配套设施尚未完善。旅游景区发展需要充分考虑当地生态环境承载力，景区开放将带来大量的游客和消费，会给地区资源和环境带来巨大压力，而目前大冲村在垃圾处理、污水处理以及监督机制等方面都还需要完善。三是基础设施尚未跟进。目前，除通村公路和组组通外，通向景区的公路和隧道还在建设之中，在基础设施配套、道路绿化、环境美化等方面尚未跟进。此外，周边村民房屋风格不统一，在一定程度上制约了景区旅游品质的提升。

五、对策与建议

2017年，大冲村顺利实现脱贫摘帽，如何进一步巩固脱贫成果，探索适宜的产业发展模式，将是大冲村致富奔小康首先要解决的问题。

（一）以乡村旅游产业发展为动力，大力提升地区劳动力整体素质

大冲村计划围绕黄腊溶洞景区建设开发，拉动大量的当地劳动力就业，推动乡村旅游产业发展，打造"农文旅"一体的发展模式。但是，

2018年10月18日，调研组与村委会成员开座谈会。

由于整体受教育水平相对较低，劳动力综合素质还难以满足旅游产业发展的需求。针对内生动力不足的情况，可从以下几方面开展工作。一是要在村内积极开展文化教育和岗位培训活动。通过教育提升当地劳动力整体素质，通过培训提高劳动力综合水平，使其适应岗位需求，从而保障旅游景区的稳步发展。二是要注重引进技术管理型人才。要向上级单位积极争取技术管理人才的引进和专项资金的注入，保证村集体经济产业有人带头、有人管理、有人指导，形成良性的管理机制，保证稳定的销售途径。聘请相关专家进行技术培训和指导，大力开展培训专项技术型人才工作，提高整体劳动力水平，丰富人才储备，降低人才引进成本，为产业扩大规模、转型发展提供坚实基础。三是要从村委干部选举上进行创新。首先大冲村要积极吸纳年轻人才，调整村委干部年龄结构，提高村委领导班子创新能力，拔高发展眼界。其次要从致富带头人等各界人士中选拔人才，从文化水平、品行评价等多方面进行考核，保证整体结构的多样性，保证村委干部在工作中的实践和探索能力，带动劳动力整体水平提升。

（二）以黄腊溶洞开发建设为引擎，落地大企业项目带动产业发展

虽然大冲村产业起步晚、基础薄弱，基本所有产业都是在2016年的扶贫政策中才建立起来的，但是依靠优越的自然条件和大量的政策扶持资金，大冲村有着得天独厚的后发优势。大冲村要紧紧抓住黄腊溶洞景区建设开发的引擎作用，吸引大企业、大项目落地，积极发挥致富带头人作用，建设产业生态圈，增强外部推动力，带动全村经济发展。一是要借助黄腊溶洞开发的机遇和优势，以特色和精品产业为

2018年10月19日，调研组在大坪乡大冲区黄蜡溶洞旅游景区开发现场考察。

导向，结合当地资源与市场需求，吸引相关龙头企业入驻，引进大项目落地，带来大量的人才和技术优势。从外部进行推动，提升当地整体经济水平，形成"人无我有、人有我优、人优我转"的产业格局。当地的武陵兔业、冰源娃娃鱼等都是典型的精品特色产业，大冲村要借鉴其优秀的产业发展经验，扩大产业规模，并以此为衡量标准，吸引大企业、大项目落地发展。二是要积极发挥致富能人的带头作用，以黄腊溶洞景区开发建设为契机，吸引优秀人才返乡创业，共同建设。做好返乡创业者的动态跟踪工作，与致富能人和返乡创业者紧密联系，通过树立典型、提供政策优惠的方式大力支持致富带头人发展特色产业。从致富能人中培养专业管理人才，吸纳并带动更多的村民致富。三是要利用好当地优越的自然条件，以黄腊溶洞景区和大土埫古村落为基础，发挥森林覆盖率高、水质好的优势，开展生态养殖、生态种植、生态旅游等产业，形成绿色产业循环经济，建设"农文旅"一体的产业生态圈。

（三）以自然生态环境保护为前提，做好大冲村相关配套设施建设

要树立"绿水青山就是金山银山"的意识，开发过程中要做好生态循环发展的保障工作，完善基础设施，把大冲村打造成可持续发展的美丽乡村。一是要完善污水、垃圾等处理设施的建设。景区带来的大量游客，以及工程开发、相关产业的建设都会对当地自然环境造成影响。大冲村首要任务是保护好当地自然资源，做好污水、垃圾处理工作，做好环境破坏预防工作，协同上级部门对景区开发建设进行监督，保证产业的可持续发展。二是完善基础设施。目前大冲村基础设

施相对薄弱，难以支撑大型旅游景区发展的需求。旅游景区建成之前，还要在卫生、交通、安全等基础设施上投入大量资金进行建设，美化村落房屋，突出民族文化特色，保障景区顺利运行和突出旅游优势。同时，涉及景区工程规划区域的村民搬迁工作，还需要大冲村干部积极开展交流和沟通工作，确保景区建设工程顺利推进。

参考文献

1. 铜仁市万山区转型可持续发展大调研组 :《大坪乡大冲村简报》, 2018。
2. 铜仁市万山区转型可持续发展大调研组 :《大坪乡大冲村专刊》, 2018。
3. 吴云超 :《湘西乡村旅游发展研究》, 2011。

起起伏伏的山峦，层层叠叠的田野，放眼望去，所见之处均是生机勃勃。随处可见的绿，不论四季更迭，这一片绿始终留在这大山深处。

青瓦、木屋、田地组成了村子里最常见的景象，屋外栽种的不仅是平时的食物，更是家家户户对生活的热爱和未来的希望。

校园生活是每个人青春岁月中不可磨灭的一段记忆，只要你闭上眼，总能回忆起儿时校园中的点点滴滴。

以"民心党建+"为载体
带动村民脱贫致富
——清塘村调研报告

2018年10月20~21日，铜仁市万山区转型可持续发展大调研第五小组李明环、洪羽婕赴大坪乡清塘村开展了为期两天的调研。调研期间进行了三个阶段的实地调研。一是以"座谈+实地考察"的形式，就清塘村发展情况同包村干部舒秀明、驻村第一书记余红、清塘村党支部书记吴玉昌、清塘村委会主任石进子等人在村委会办公楼召开了万山区大坪乡清塘村调研座谈会。二是实地走访了清塘村的杨家湾组、大山坳组、新屋组、长坡组及屯湾组等多个村民组，考察了清塘村生猪养殖场、清水鱼养殖基地、万山区香榧牧业有限公司等产业发展情况。三是对致富带头人吴玉昌、脱贫户代表杨昌国、第一书记余红、驻村干部舒秀明、驻村干部龙琳等5人进行专访。

通过为期两天的实地调研，调研组了解到清塘村虽是深度贫困村，但生态保存较好、自然资源丰富，清塘村利用自身优势发展村集体经济，通过招商引入了独具特色的香榧种植产业。对此，调研组建议，未来清塘村可加大香榧种植产业发展，完善产业结构和规划，吸引人才以不断壮大村集体经济。

一、基本概况及历史沿革

（一）基本概况

清塘村是大坪侗族土家族苗族乡下辖的一个村，位于大坪乡东北部，东与鱼塘乡金盆村和文基村交界、南部与柴山村相邻，西与大坪村毗邻、北与江口县交界，距大坪乡人民政府12公里、万山区人民政府40公里。从地理位置上看，清塘村位于东经108°59′、北纬27°35′，海拔为500~700米。全村面积为22.5平方公里，包括森林面积2200亩以及耕地面积3200亩（田1500亩、土1700亩），但清塘村的有效灌溉面积仅为1300亩。

在大坪乡所辖的各个村中，清塘村属一类贫困村，包含24个自然村寨，辖31个村民组，共1054户3486人，村民以侗族、土家族、苗族居多。其中，18岁以下1102人、留守儿童46人、60岁以上老人896人、90岁以上老人5人、空巢老人8人、残疾人109人、五保户12人。

自脱贫攻坚工作开展以来，清塘村共梳理建档立卡贫困户435户1550人，贫困发生率由2014年建档立卡初的50.23%，下降到2017年末的6.64%。其中，2014年脱贫23户94人，2015年脱贫45户187人，2016年脱贫103户73人，2017年脱贫189户642人，未脱贫户73户190人，返贫4户18人。

（二）历史沿革

关于清塘村的历史，村里的老支书陈文贵说道："旧社会的时候，可能是在几百年以前，我们原来是清塘股，清塘股管辖13寨。后面解放了，就把农会也设在那个清塘股，农会一搞好，就命名了清塘大队。再后来农村人民公社划到乡里面了，没有农民公社了，实行村，所以就叫了清塘村。"而关于"清塘"二字的来源，老支书则说道："因为设点时正好落在清塘组，所以就叫了清塘村，组里有一个水很清的小池塘，一年四季的水都是清的，所以喊作'清塘'。"而今的清塘村是在2007年经过撤并村，与炉山村合并后的新的清塘村。

（三）基层组织

清塘村有完整的村支监"三委"组织机构。2016年上任的村支部书记吴玉昌是土生土长的清塘人，也是村里的致富带头人；村委会主任石进子是村里的大学生，与村支书同年上任；村监委会主任为2017年上任的杨顺权。清塘村设有党支部1个、党小组7个，党员共计77人。

此外，清塘村帮扶联系单位由万山区发展和改革局、万山区人民法院、万山区检察院共同组成，清塘村还形成了由第一书记、包村干部、驻村干部及村"三委"组成的驻村包扶工作队。当前，清塘村的第一书记为万山区发改局常务副局长余红，他于2017年开始驻村工作并担任第一书记。包村干部舒秀明是大坪乡党委委员、纪委书记，2016年参与驻村工作并担任驻村工作队队长。驻村工作队也形成于2016年，其他的常驻队员还包括万山区城管局市政局局长龙琳，大坪乡社会工作服务中心主任、水务站负责人穆凯龙，大坪乡财政分局工作人员姚海飞，清塘村村委会副主任石双发，大坪乡林业站负责人王苑等，他们均于2016年开始驻村工作。

（四）村寨特色

清塘村有一个与众不同的小传统，那就是在腊月二十八那天过大年。清塘村老寨片区的村民组，村民们不过传统的大年三十，而是以腊月二十八为大年夜，并且当天还要吃稀饭以纪念对清塘人民有恩的孙排长。

"这里面有一个小故事。"驻村干部龙琳说道："我们这里属于偏远地区，那时候匪患严重，有一个孙排长在这里缴匪，腊月二十八那天煮了一锅稀饭，正准备吃稀饭，就听到'土匪来了，土匪来盐井抢东西了！'于是，他就带着队伍下去缴匪，从盐井一直追。孙排长很厉害，武功好，跑得最快，后面那些队伍没有跟上他，他就被那个土匪头子一枪打死了。所以我们清塘人为了纪念他，就在腊月二十八这天吃稀饭过年。清塘人是很讲感情的，他们把这个习惯延续至今，你问

2018年10月21日，调研五组走访清塘村屯湾组，了解村组建设情况。

他们哪天过年，他们都是说腊月二十八，而且要吃稀饭。孙排长牺牲后，坟就在盐井下面的山里，后来国家说他是烈士，就把他转到烈士陵园去了，但清明节的时候，盐井那里也还有人扫墓。"

同大坪乡的其他几个村寨一样，清塘村也是少数民族聚集村寨，虽然遗失了很多少数民族传统特色，但是保留了唱山歌这一娱乐方式，长坡组的村民们还成立了一个山歌协会。村民们闲暇之余，常常会相互对山歌，有的时候看见人来了就唱，有的时候则是拿着手机，在微信群里对歌。曲调老、歌词新、花样多，很多驻村干部们都感叹说："他们其他的学得慢，对歌的时候特别灵活，都对不赢他们嘞。"

二、基础条件和特色优势

(一)基础设施基本完成，公共服务有所改善

目前，清塘村的基础设施建设基本完成。在生活用水建设上，清塘村依靠地下水源，部分组以设高位水池的形式供水，已完成7个集中式安全供水设施及相关管网建设，使全村31个村民组均通自来水，基本满足村民的日常饮用水需求。在生活用电建设上，全村供电网已改造完成，根据每家每户电路检查情况，对不合格的电路进行改造，现已基本满足用电需要。在道路建设上，全村基本实现道路硬化，通村公路宽3.5米，已实现全油化，通组路实现全硬化，彻底结束了晴天灰雨天泥的历史。在电视与网络建设上，全村已实现"广电云"户户通全覆盖，以及移动、电信信号和4G网络无盲区全覆盖。在"亮化工程"建设上，全村大部分地区已安装太阳能路灯，基本实现全村亮起来。

清塘村的公共服务设施和公共服务水平也有所改善。在教育方面，

共有村小一所，教学条件已全面改善，占地面积2000余平方米。现有教师11名（其中正式教师8名）、学生120人，学前教育至小学六年级各有一个班。在医疗方面，全村现有村卫生室2个，面积共160平方米，有村医2名，配备有基本医疗器材。在文化活动方面，村内拥有2个文化体育活动广场，楠木组运动广场面积为1300平方米，大山坳老年活动广场面积为900平方米，均可正常使用。

（二）生态环境保存较好，自然资源较为丰富

清塘村区域面积大，山地较多，且大部分山地为林地，属生态保护用地。生态保护用地是基于土地利用的主体功能，包括林地、草地、湿地、城市绿地等具有较高生态系统服务价值的地类以及其他（如沙地、裸地、冰川及永久积雪等）生态系统较为脆弱的地类。由于村内生态保存较好、山塘较多，故村里的森林资源和水资源较为丰富，具有发展水产养殖的自然优势。两岔溪溪水从山间深处缓缓流出，清澈见底，形成的湖面如同一颗镶嵌在大山之中的绿宝石，风吹碧波荡。

清塘村利用天然优势做起了清水鱼养殖。"这是山里面的水，溶洞里面流出来的。水质好，没有一点污染的，我们这里很多地方，包括村子的自来水都是这个源头，里面有一个犀牛洞，洞里面的水流出来，从那边提取之后提到山上，通过高位水池慢慢放下来。这边的水我们引出来供养鱼，但是这个源头的水也就是我们喝的水。"驻村干部们继续说道："以前这里没有堤坝，供水没有保障，要用潜水泵从河沟里面抽水，我们为了让鱼塘这边长期有清水供应，我们就修了这个堤坝，现在我们一年四季这个水都不会断。这个水是很清的，所以这个鱼我们叫清水鱼。"

三、创新实践及模式

（一）党建带动：党组做好领头羊，带领村民奔小康

加强和改进农村基层党组织建设，不断增强其创造力、凝聚力、战斗力，既是党的建设新的伟大工程的重要内容，也是推动乡村振兴的重大举措。清塘村以"民心党建＋"为载体，充分发挥党支部与党员的带头作用，切切实实为清塘村村民带来了脱贫致富的希望。

一是由村党支部牵头建设村集体经济产业，实现村集体经济从无到有的转变。清塘村成立了清塘村种养殖专业合作社，创办了生猪养殖场、中华蜂养殖场、清水鱼养殖场，让全村建档立卡贫困户加入合作社，建立了帮扶利益连接机制，使村集体经济成为贫困户增收的重要方式。

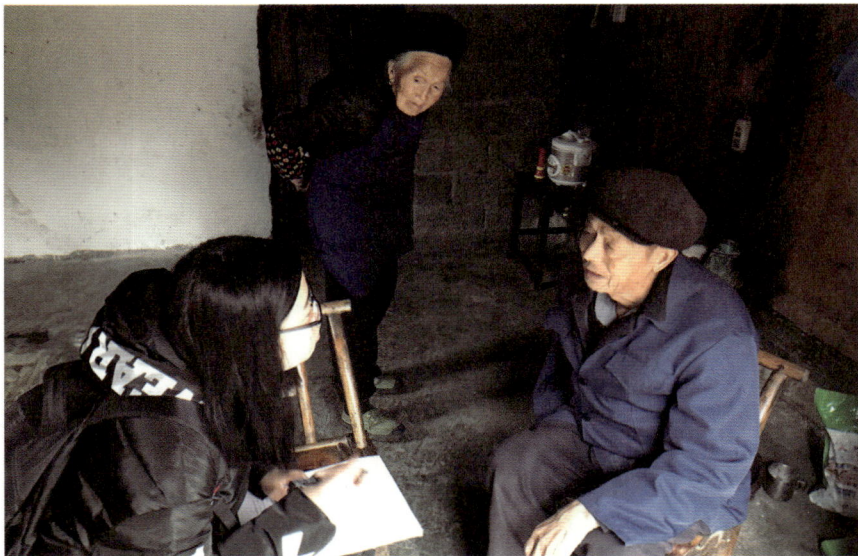

2018年10月20日，调研五组走访清塘村老党员吴志月。

二是村党支部与帮扶干部积极向上级争取资金，包括财政扶贫资金和项目资金。通过资金投入改善清塘村基础设施建设，加快道路硬化以及村落"亮化工程"等，促进村集体经济产业的建设和发展。

三是村党支部与帮扶干部积极联系社会力量帮扶，加速优化村民生活。村干部通过联系社会帮扶，获得吉林白山矿业有限公司、北京某广告公司等企业的帮助，他们为清塘小学和清塘村贫困户们捐赠了书本、课桌椅等学习物品及棉被等生活用品。

（二）产业带动：产业成为催化剂，加速村寨摘贫帽

农业是国民经济的基础，要实现乡村振兴，产业兴旺是重点。清塘村以"村集体经济＋企业＋贫困户"的模式，因地制宜，采取长短期产业结合与种养殖业结合的方式，壮大村集体经济产业发展，巩固脱贫攻坚成果。

一是长短结合，以短养长。目前，清塘村有年出栏6000头生猪代养、300箱中华蜂养殖、20000尾清水鱼养殖等短期集体经济产业，以及500亩香榧种植这一长期产业，通过各种短期产业的支撑，以维持投资时间长、收益慢的香榧种植产业。

二是多业并举，多元发展。在清塘村的产业中，有集体经济产业——生猪养殖、中华蜂养殖、清水鱼养殖，也有招商引进的香榧种植产业。通过多产业并重发展及产业多元化发展，清塘村能够避免产业结构单一带来的不利影响。

说起村内的香榧，村民们和干部们都满怀期待。香榧果树属红豆杉科，是稀有的经济树种，也具有极强的观赏性。其果实营养价值丰富，市场价值高而稳定，果皮则可提炼香榧油，树木也是优质高档家

具原料。然而香榧成熟期较长，十年才开始挂果，前期需较长时间的管理和投入。一次偶然的机会，让清塘村遇到了打算在铜仁地区发展香榧产业的浙商周传连。在对土质、气候、环境等方面进行比对后发现，清塘村十分适宜种植香榧。而后，干部们通过实地考察，决定将香榧引进清塘村，并作为今后的主导产业来发展，于是，香榧"入住"清塘。周传连在清塘村成立了万山区香榧牧业有限公司，投资千万元建成了500亩香榧种植基地、年出栏1000头的肉牛养殖场，以及一个牧草种植基地。

未来，清塘村打算以香榧种植业作为长效主导产业，并以村内每人享有20棵香榧树为目标。在树挂果后，通过售卖每年固定产出的香榧果，让村民享有固定收入，从而巩固脱贫成果，防止返贫。香榧的引入，不仅解决了多名贫困户就业问题，更为清塘村的未来发展带来了新的机遇。

（三）个人带动：个人扶贫力量小，感化群众建家园

由于清塘村属深度贫困村，故驻村工作队每名队员帮扶的贫困户数量也远远超过其他村，每个队员的压力都很大。2016年7月4日的特大洪灾，使清塘村的贫困人口达到1460人，那段时间是每个驻村干部都难以忘怀的。

"当时我在现场是什么感觉你是不知道，尤其是我负责的盐井片区。盐井是地质灾害点，还要过河，当时突然下很大的雨，老百姓要过河救人，我在那里堵着不让他们过河，那时候盐井还有7个人没有救出来，我在上面自己都受伤了。后来待了一整天实在撑不住了，才去的医院。洪灾过后的后续工作，是拄着拐棍来处理的。"龙琳回忆道：

"盐井受灾的一个是秦秀芳家，一个是杨顺权家。秦秀芳的父亲受伤了，儿子、母亲死了。杨顺权的父亲死了，母亲长期卧床不起，现在还可以起床了，以前是卧床不起。当时在地区医院我就去看他们，给他们做工作、疏导他们。可以说在当时这种情况下，人情绪很大的，我当时虽然伤了，但是我仍然去医院看他们。人心都是这样的，你说说我拄着拐棍去看他们，他还有什么说的呢？"

在驻村期间，这样的故事还有很多。虽然清塘村经历了洪灾、山体滑坡等大灾大难，但这更燃起了村民重建家园、追求幸福生活的希望。再加上驻村干部的切实工作，他们用个人行动从身边的点点滴滴融入村民的生活，没事走走访、串串门、开开会、讲讲政策，逐渐转变了村民的思想，激发了百姓勤劳致富的信心和决心。

四、突出问题与难点

（一）产业结构和产业规划亟待完善

清塘村的产业种类较多，包括生猪养殖、清水鱼养殖、中华蜂养殖、香榧种植、牧草种植、肉牛养殖等，但村内的产业结构不够合理，产业规划还需完善。

一是产业结构不够合理。产业结构可以看作各种产业长期占有资源和产品的比重，农业产业结构主要分为三个层次：农村三次产业结构层、农村各产业内部结构层和农村的农林牧渔产业结构。

从三次产业结构层来看，清塘村以种养殖业为主，村内产业主要收入来源为生猪养殖，故村内第一产业所占比重大、产值较高；第三产业还未成型，所占比重小、产值较小。

从农村各产业内部结构层来看，村内的非农产业尚未成型。村内青壮年劳动力大多外出务工，在外从事第三产业，如建筑业、服装业等。村内工业、交通运输业、服务业等相关产业缺失，第三产业亟待发展。

从农村的农林牧渔产业结构来看，清塘村内产业种类较为丰富，有长有短、有养有种，在农、林、牧、渔各方面均有涉及。虽规模较小，但也具有一定的产业多元化发展趋势，可根据市场需求灵活调整，并逐步大产业规模。

二是产业发展规划有待完善。产业规划通常是指产业发展的战略性决策，是实现产业长远发展目标的方案体系，是为产业发展量身定制的指导性纲领。所以，清塘村在产业发展时要注重规划，最好能针对每个产业都建立一个全面科学的产业规划。

例如清塘村生猪养殖场的污染问题，正是建设前缺少科学完善的产业规划所致。目前，生猪代养模式的风险较低，故农村的生猪养殖场不断增多，粪便污染成为农村农业面临的主要污染源之一，成为环保治理的重点问题，清塘村也是如此。

由于清塘村养猪场的选址、设计、布局缺乏科学合理的产业规划，为了取水用水方便，又将养猪场设立在水源边，所以在养猪场开始运营后，因存栏数量增多，粪污量大大增加，加大了环境承载压力，导致化粪池爆坑，造成了周边土地、水源和空气的污染。而水源的污染问题是最为严重的。虽然清塘村正进行整改，打算通过筹备建设发酵床来解决粪便污染问题，但若能提前做好产业设计与规划，注重产业布局和整体把握，就能有效避免污染问题，减轻环境负担，更能减少经济损失。

2018年10月21日，调研五组实地考察清塘村生猪养殖基地。

（二）管理型人才和技术型人才亟待培养

农村的发展离不开物资和人才的支撑，而农村人才资源缺乏，是阻碍农村经济和社会发展的根本原因之一。对于清塘村的发展来说，人才尤为重要，而在发展过程中，专业人才是最为紧缺的。

一是专业管理人员缺乏。清塘村内的扶贫资金由村干部进行管理，他们既要负责村内工作，又要负责村集体经济产业的管理，由于个人精力有限，且在产业管理方面的知识素养不高，在产业管理上难免有所疏漏。故清塘村需要具备管理专业知识的人员对产业进行管理，以免产业搞的时候是轰轰烈烈的，最后却不了了之。此外，管理人员也需要懂技术，这样才能管好产业，更明确产业未来的发展方向。

二是专业技术人员缺乏。在产业发展的同时，技术是发展的核心。由于大部分村民文化和科学素养不高，也没有掌握现代农业技术，故清塘村十分缺少自己的技术人员，很多产业技术人员均来自乡里，万一技术上遇到突发状况，有时在处理上难免出现一些小问题。所以，清塘村需要培养自己的技术人员，既可吸引外来技术人员，也可以培养村民成为专业技术人员。

五、对策与建议

（一）优化乡村产业结构，完善产业规划

随着市场经济体制的建立和快速发展，传统的农村经济已经跟不上市场的步伐，而产业是支撑发展的重要保障，所以农村经济的发展必然需要通过优化产业结构、完善产业规划的方式进行。结合清塘村自然资源优势及发展需求，首先要对产业结构进行优化调整，对产业发展规划进行完善，然后大力发展已有产业，通过产业聚集人力和资本，使形成一个良性循环。

首先是调整产业结构。调整清塘村产业结构可以考虑从以下三个方面着手。一是在三次产业结构层上，可结合村内已有产业，通过建设相关产业的初级加工厂等方式，着手提升第二产业所占比重，并逐步打造产业链，增加产业链附加值，降低成本及市场风险。二是在各产业内部结构层上，通过逐步扩大村内已有产业规模，使人才回流，在村内创业，逐渐提高村内非农产业比重。三是在农林牧渔产业结构上，目前村里农林牧渔产业均有涉及，但规模较小，后期可结合市场实际情况，逐步扩大相关产业规模。同时在产业发展规划的基础上与时俱进，不断学习相关先进技术和知识，利用更科学的、更现代化的农业技术进行发展，实现传统农业产业的转型升级。

其次是完善产业规划。产业规划具有系统性、战略性、前瞻性和可操作性等特点，需要综合运用各种理论分析工具，根据实际状况，对当地产业发展的定位、产业体系、产业结构、产业链、空间布局、经济社会环境影响、实施方案等做出一年以上的科学计划。正如清塘村生猪养殖场的污染问题，究其原因，还是产业规划不完善。只有完善好村内各产业的产业发展规划，统筹兼顾各方各面，协调好会产生的问题和矛盾，提前进行合理安排，才能做到因地制宜、扬长避短的长远发展。

（二）做好乡村人才振兴，培育专业人才

乡村人才振兴可为农村新产业新业态的发展提供高质量的人力保障和支撑。我国农村人才极度匮乏，一是由于农村大部分人口受教育

2018年10月20日，调研五组了解清塘村易地扶贫搬迁户杨昌国新居搬迁情况。

程度和科技文化素质较低，缺乏市场经济、法律等方面的知识，而且受过专门教育和掌握相关现代农业技术的人才较少；二是由于城市各方面条件均优于农村，较少有人愿意留在农村工作，且一些有一定文化基础的农村人才也向城市聚集，导致农村人才流失严重；三是农村人才结构不合理，不但老龄化严重、青壮年劳动力严重匮乏，而且农村位置越偏远，专业人才越少，特别是在现代农业技术、信息技术、经营管理、财务等方面。专业人才的稀缺还导致了现代农业科技的推广应用速度缓慢。

这些原因导致我国农村人才资源匮乏，所以如何吸引优秀人才进村成为一个难题，而清塘村作为一个深度贫困村，想要吸引人才更是难上加难。对此，可以从以下几个方面考虑改进。

一是借鉴"五乡工程"吸引人才，即干部驻乡、市民下乡、民工返乡、能人回乡、企业兴乡。一是吸引民工返乡，很多村民在外打工多年，自然会积累一定的人力、技术和资金，村民返乡后可利用这些优势重拾土地，与家乡资源进行对接，实现在家门口创业就业。二是吸引能人回乡，依托"春晖行动"引导在外创业有成、热爱家乡的创业能人、社会贤达返乡创业，带动村民创业就业，提高产业发展的创新力和竞争力。三是吸引人才进乡，当前，新型职业农民的社会认可度不高，要想鼓励高学历、高素质的农业领域专业人才进乡，还需提高社会认可度。通过增加收入、完善农村保障体系、完善人才成长机制等方式逐步改变现状，优化人才吸引机制，为清塘村的发展输入源源不断的鲜活力量。

二是培育村民成为专业人才，对于已在村内产业就业的村民开展相关产业及岗位的针对性培训。目前，清塘村的产业较少且规模不大，在村内就职的村民人数不多，大部分村民也只是在普通的简单管理岗位工作。故可就一些具有一定专业要求的岗位（如财务、管理、技术等）对就职村民开展培训，并通过职业技术等级考试等方式，让村民逐渐从不专业变得专业，让村民自己掌握技术成为专业人才。

（三）支持乡村企业发展，培育龙头企业

在农村，龙头企业的发展壮大，能够促进高效农业发展，推动农业产业结构优化。而培育本地龙头企业对清塘村的发展具有极大的推动作用。

与周边地区相比，目前，清塘村香榧种植业是独具特色的，故应加大力度扶持万山区香榧牧业有限公司，将其培育成为清塘村内的龙头企业，让企业安心落户清塘，生根发芽。待香榧初具规模后，可通过产业规模的扩大和产业链的形成，结合香榧稀有这一特色，培育清塘村的风情旅游业，将清塘村打造成"香榧小村落"，向农旅一体化转型，吸引游客前来观赏香榧、吃香榧、买香榧，更可带动周边地区发展，推动产业的转型升级及一二三产业的融合发展。

参考文献

1. 符蓉、张丽君、喻锋、张迪：《我国生态保护用地概况与利用形势分析》，2015。
2. 李红梅：《铜仁市农村产业结构优化研究》，《中国集体经济》2018。
3. 高密：《基于产业结构调整视角下的乡村规划方法初探》，2012。
4. 齐素泓：《农村人才困境及其出路探讨》，2008。

5. 李冷、余际从：《加快农村实用人才开发思考》，2007。

6. 龙怡帆：《武陵山连片特困地区小城镇发展模式研究》，2014。

7. 高鸣、武昀寰、邱楠：《乡村振兴战略下农村人才培养：国际经验视角》，2018。

偶见山间野树莓，果实饱满、色泽鲜亮，乡间小憩，最是解馋。

传统村落错落有致，现代房屋窗明几净，柴山既述说历史也描绘未来。

吸取五倍子精华，酿出味甘甜蜂蜜，小小中华蜂用辛勤的劳动馈赠柴山百姓。

"长短结合"发展脱贫产业

——柴山村调研报告

  2018年10月22~23日，铜仁市万山区转型可持续发展大调研第五小组李明环、洪羽婕赴大坪乡柴山村开展了为期2天的调研。本次调研在包村干部张才新的全程陪同下，先后走访柴山村柴山组、雷达冲组、肥田组、龙口组、沙湾组、垱头组等6个村民组。与第一书记杨清华，村支部书记裴静华，村委会主任杨政见，驻村干部杨咏梅、邓勇，村支部副书记周传平，支部委员田应和，村监委主任姚本和，村委委员冯登水召开座谈会1次，访谈第一书记杨清华、致富带头人杨通桥、村兴旺场小学校长向兴琴以及脱贫代表杨武俊。先后走访村民赵鸾英、邹玲霞、罗水仙、韩小燕、杨武俊、杨秀全、陈光发、穆群芝、姚本祥、周双菊等村民，调研村集体产业水产养殖、中华蜂养殖基地、大胡子种植农民专业合作社共计3处。收集《铜仁市万山区大坪乡柴山村村庄规划（2018—2035年）》《大坪乡柴山村脱贫攻坚工作开展情况汇报》《大坪乡柴山村脱贫攻坚工作规划》《大坪乡柴山村工作情况汇报》《2018年柴山村村规民约》等5份资料。

  初到柴山村，第一印象是干净整洁。村办公室在新街场上，砖混房屋整洁，柏油街道干净，人居环境相对舒适。初探柴山村，第二印象是对比明显。肥田组作为柴山村传统人居保存相对完整的村组，与新街场有明显区别，此处村民穿着朴素、人声稀少、尽显旧日时光。再到柴山村，第三印象是产业多元，190箱中华蜂、1口养鱼山塘、300亩桂花树基地、450亩辣椒基地……村民经济发展意识强、思路广。再探柴山村，第四印象是时逢兴旺，10月23日调研时恰逢柴山村赶场，周边乡邻尽至。总的来看，柴山村正走在致富奔小康的路上。

一、基本概况与历史沿革

（一）基本信息

柴山村位于大坪乡东北面，东面、南面与鱼塘乡文基村、大坪乡黄花村、川硐村交界，西面与大坪乡大坪村交界，北面与大坪乡清塘村相连，平均海拔500米，总面积10.59平方公里。全村行政面积18.31平方公里，耕地面积4852.0亩，森林覆盖率约为65%。柴山村共有21个村民组，户籍人口为719户2239人，以侗族、土家族、苗族人口居多。柴山村约38%的劳动力外出务工，本村常住人口为1000人左右。本村老年人口中，60岁以上约303人，90岁以上约5人。柴山村是非贫困村，全村共有建档立卡贫困户122户380人（其中2014年脱贫2户4人，2015年脱贫10户47人，2016年脱贫30户111人，2017年脱贫75户193人）。贫困户主要致贫困原因为生病和残疾，占全村贫困户致贫原因的65.5%。截至2017年底，全村贫困人口减少355人，贫困发生率约为1.16%。此外，全村有低保户88人、五保户14人、"三无"（无劳动能力、无收入来源、无子女赡养）14人。

（二）基层组织概况

脱贫攻坚工作开展以来，柴山村以万山区司法局为帮扶单位，形成了由第一书记、包村干部、驻村工作队、村"三委"组成的工作队伍。当前，第一书记为万山区司法局干部杨清华，其自2014年在本村开展驻村工作，2016年开始任第一书记；包村干部为大坪乡人民政府干部张才新，2016年开始在本村开展驻村工作；村支部书记为裴静华，2016年开始担任此职位；村委会主任为杨政见，2016年开始任村主任；村监委主任为姚本和，2017年开始任此职位。全村有党支部1个、党员50人。在职责分工上，第一书记负责全面统筹柴山村各项工作，村支书主要负责党组织建设工作，包村干部、村主任和驻村工作队主要负责产业发展方面的工作。

（三）柴山村特色

柴山村风景秀丽、丛山林立，其中新街场对面有座山与龙相似，故名龙口，风光宜人。柴山村特产是辣椒、花生，有春节玩龙灯、农历"三月三"举办民族文化艺术节的传统。从大年三十到正月十五，村民会自发组织龙灯队伍，玩龙灯。自2013年以来，柴山村每年农历三月三都会举办民族文化艺术节，21个村民组均会选派村民参加，届时村民穿着传统苗族服饰，奏响传统鼓镲对山歌。艺术节也有相声小品等节目。

二、基础条件与特色优势

（一）基础设施相对健全

近年来柴山村积极完善基础设施建设，截至目前，全村共有通村

2018年10月22日，调研五组与柴山村领导干部开展座谈，了解工作开展情况。

公路4条、通组路21条，连户路已全部实施完毕。给排水方面，有集中统一供水设施，实现户户通自来水，基本满足村民的日常饮用水需求；排水主要方式为雨污混流排水，无排水沟，为自然排放汇集至农田周边的农灌溉渠内。全村719户全部通电，并且经历2017年农网改造，全村用电稳定，无低电压、无低电量情况，实现动力电全覆盖。全村有4G网络，宽带拉通至村委会所在地。当前，柴山村尚未接通天然气，仍以烧柴为炊事主要方式。

（二）公共服务配套齐全

公共服务方面，柴山村内有办公楼、村民活动室、卫生室、小学、幼儿园、新场集市等，配套设施相对齐全。村完小兴旺场小学（含幼儿园）占地500平方米，投入资金达2000余万元，配有公办教师7名，特聘小学教师1名，幼儿园志愿者有教师2名。同时，小学配备了图书馆、篮球场等场地。村卫生室占地120平方米，投入资金10万元以上，配有卫校毕业村医1人，卫生室设备齐全。此外，柴山村还投入20多万元，建设了两个面积均为1000平方米的体育广场。为丰富村民的业余生活，当前柴山村正在筹备购买体育设施。

（三）乡村产业多元发展

从产业发展情况看，柴山村现有中华蜂养殖，水产养殖，猪、牛、羊等牲畜养殖，空心李、高山葡萄种植，桂花基地，辣椒基地等产业，其中桂花基地、辣椒基地为柴山村主导产业，中华蜂养殖、水产养殖为柴山村支柱产业。2017年柴山村人均年收入约为4500元。

集体经济发展方面，柴山村以种养殖农业专业合作社为龙头，投资130余万元购买150箱中华蜂，并修建30余亩鱼塘，并依此建立村集体特色扶贫产业中华蜂养殖和水产养殖产业。2017年村集体产业均已完成建设并投产，全村122户建档立卡贫困户全部被纳入扶贫产业进行分红。按"622"分红模式，①建档立卡户均分红1600元。务工经济方面，外出劳动力主要流向浙江、广东、江苏、福建，多从事水电工、家政等行业，月收入2000~3000元。

（四）乡村治理全面提质

为推进乡村治理，柴山村购买了60个垃圾桶，组建了由22名本村

---

① "622"分红模式，即村集体产业纯利润的60%用于精准扶贫贫困户对象，20%用于村集体经济累计，20%用于管理人员的报酬。

2018年10月23日，调研五组实地考察集体产业水产养殖基地，了解基地运行情况。

村民（贫困户和非贫困户）组成的环卫队伍。"五改一维一化"方面，柴山村共修补危房4处，改厨580个，改厕460个。易地搬迁方面，柴山村2016年易地搬迁1户4人，2017年易地搬迁10户33人。为提高村民自我管理、自我教育、自我约束的意识与能力，强化精神文明建设，柴山村制定了村规民约及村规民约"十不准"，并利用文化墙大力宣传。村寨保护方面，现村办公楼为原人民公社旧址，具有典型的法式建筑风格。近年来，柴山村在保留房屋原始结构的情况下对办公楼进行了保护性修葺。

（五）农产品交易中心具雏形

特色优势方面，柴山村每五天赶一次场，赶场地在新街场上。每逢赶场日，周边村落甚至外区县的商户和村民都来此赶场，商品包括农贸产品、瓜果蔬菜、粮油副食、服饰等。包村干部张才新介绍，柴山村是周边的农产品交易中心。目前赶场商户将摊位摆在道路两旁，都是露天的。张才新表示："将来会通过土地流转，建立真正的农产品交易中心，将商户都集中到一个地方，让商户有固定的不怕风不怕雨的摊位，这样还能解决赶场过后造成的道路卫生问题，一举两得。"

三、实践探索与经验模式

(一) 用活资金，确保产业扶贫见实效

为确保产业扶贫见实效，柴山村秉承授人以鱼不如授人以渔的理念，合理利用财政资金、扶贫资金，在用活资金的同时推动了本村产业的发展。如通过项目形式使用近百万扶贫资金为高山葡萄基地修建了长1.9公里的产业路，用财政资金为基地建设技术设施和高山雪窖。同时约定当基地有劳动力需求时，首先考虑本村有意愿工作的贫困户。如今，基地春季锄草时，每天能带动50~60人就业。驻村干部邓勇表示，这种模式既确保了扶贫资金的正确使用，又实现了产业扶贫、带动就业的目标。

(二) 长短结合，做实产业脱贫、致富

脱贫攻坚，产业先行。柴山村脱贫攻坚过程中，短期产业如中华蜂养殖、山塘鱼养殖是短平快的帮扶产业，能够快速为贫困户带来看得见、摸得着的收益。但是这些产业受市场波动影响较大，在持续增收、带领村民致富上的表现有待观察。为实现快速增收脱贫、长效增收致富，柴山村正在探索长短结合的方式，确保村民短期能脱贫、远

期能致富、未来可持续。"短"指做强做大中华蜂和水产养殖，"长"指发展漆树种植业。第一书记杨清华介绍，现代人装修不愿意使用含甲醛的工业油漆，天然漆越来越受欢迎。漆树生长速度快，三年可成林，一亩地可以栽500株左右。成林后每亩每月产漆收益可达2500元。柴山村户户都有荒山荒地，如果利用起来种漆树，将产生非常可观的经济效益。他表示："目前关于在柴山村发展漆树种植业的项目方案已提交至大坪乡。"

四、突出问题与难点

调研发现，柴山村发展状况相对较好，脱贫任务并不重。客观上讲，柴山村当前处于全面脱贫与共同富裕的衔接点，发展的主题是在

2018年10月22日，调研五组访谈脱贫代表杨武俊。

全面脱贫的基础上实现致富奔小康。整体上看，柴山村发展良好，但同时也存在几个隐患。

（一）村民贫富分化趋势初现

农村地区以家庭经营收入和工资性收入为主要经济来源，社会保险参保率较低的现实，使得农村村民风险抵御能力不足，这是农村地区因病致贫、因灾致贫占比较高，产生贫富差距的重要原因。调研发现，近年来随着产业的不断发展，柴山村村民生活状况有很大改观，经济水平也有较大提升。村民杨通桥成立了万山区大坪乡大胡子种植农民专业合作社，依靠辣椒种植及加工，合作社每年纯收入能达到100万元左右。同时，柴山村也有像罗水仙一样因病丧失劳动能力，需要医疗、教育扶贫政策支撑的村民。较高的治疗费用也是造成柴山村贫富差距较大的一个原因。

（二）本村稳定就业缺乏产业支撑

在柴山村，产业发展在带动劳动力（尤其是中老年、妇女）就业，促进村民增收上起到了重要作用。一方面，土地流转为村民提供了一定的收入。根据土地情况，村民可获得每亩每年200~500元不等的土地承包款。另一方面，产业的发展解决了部分常住人口的就业问题。以柴山村主导产业为例，桂花基地除草施肥时期能够带动40~50人就业；杨通桥的合作社辣椒采摘期间能带动30多人就业，酸辣椒产品加工期间能带动20多人就业。需要注意的是，这种就业模式季节性强、稳定性较差，农民持续增收较为困难，且工作较为低端、辛苦，薪资低于外出务工，年轻人大多不愿从事。同时，由于当前产业发展规模有限，劳动力吸收能力有限。总的来看，柴山村现有主导产业优势不明显，确保贫困户、村民长期稳定就业、稳定增收的主导产业不明确。

（三）领导干部工作能力有待提高

柴山村发展集体经济的举措多为落实大坪乡统一部署，某种角度上可以认为柴山村基层干部在推动发展上积极性主动性不足，存在一定的依赖性。同时由于大部分村干部年龄偏大、学历偏低，发展意识和发展理念相对落后，开展工作常用老经验。之前，大部分村干部提出在柴山村发展空心李，但通过市场调查发现空心李上市季节非常短，市场价格波动较大，最终因种植风险较大未能通过。农村基层干部在农村工作的第一线，是贯彻落实党的路线方针政策、密切党和政府同人民的联系、带领村民脱贫致富奔小康的关键群体，一定要适应新形势，通过自身工作能力的提升摆脱"老办法不顶用，新办法不会用"的困境。

五、对策与建议

（一）完善体制机制，提高农村家庭的风险抵御能力

1. 整合城乡医保、低保、残疾救助、大病救助等惠民资金，建立多元化资金筹措机制，加强基本医保、大病保险、商业健康保险、医疗救助、疾病应急救助和社会慈善等衔接，提高农村贫困人口的医疗费用实际报销比例，增强农村家庭的疾病抵抗能力，降低大病对农村家庭的影响与冲击。

2. 建立农村精神卫生部门联动监管机制，加强宣传，使农村地区摒弃"家丑不可外扬"的心态，建立科学的精神卫生认识体系。全面

排查，完善精神病患者日常发现、登记报告和防治管理体制。

3. 完善农村精神卫生系统治疗制度，逐步推广心理治疗师、康复师、社会工作师和志愿者参与精神卫生服务工作模式，保障农村地区精神疾病患者全面就医，降低发病率、发生率，提高农村家庭对精神类疾病的抵御能力。

（二）聚焦农产品交易，强化稳定就业的产业支撑

1. 打造柴山村农产品交易市场。利用柴山村现有农产品交易中心的既有优势与铜仁市的区位优势，打造辐射贵州、重庆、湖南、广西的大型农产品交易市场，统筹农产品交易信息，推动农产品交易的规范化发展。以大型交易市场的打造，提高劳动力吸引力，推动本村青壮年劳动力回村就业创业。

2018年10月23日，调研五组实地考察柴山村中华蜂养殖基地，了解基地建设情况。

2. 打响柴山村产业品牌。要以打造特色品牌为先导，鼓励企业、合作社广泛开展调研，探索农产品深加工路径，提高果蔬农产品附加值，提升利润空间。以柴山村农产品交易市场为平台，拓展产品销售渠道，提高市场占有量。通过产销联合模式，确保农产品产得好也销得好，增强柴山品牌的影响力。

3. 发展管理型人才。通过与专业机构合作、自主培养等方式发展一批专业的管理型人才，由其参与指导本村公司、合作社的管理工作，提升本村产业管理规范化水平，提高产品配置与市场需求的契合度。加强与高等院校、研究所、大型企业等的合作，通过量身定制培训内容、组织参观考察等，加快管理人员观念、认识的转变与提高经营管理服务水平。

（三）完善工作体系，提高农村基层干部工作能力

1. 创新激励机制。激励基层干部积极主动学习、践行、贯彻新时代工作理念，对主动求上进、思想上不上进的基层干部，要态度坚决地给予奖励与处罚，让基层干部树立正确的工作理念，严肃认真对待工作，自觉争先争优。

2. 定期组织培训。基层干部开展工作往往需要扎根农村，参与组织培训机会较少，要增加村级干部参加区级、市级培训的机会，帮助他们转变工作理念，打开工作思路。

3. 重视总结工作。新形势下，农村工作需要新思路新经验。基层干部要重视资料留存与整理、经验总结与分析工作，使具有价值的资料得以保存，好的经验和模式得以推广，进而提高基层干部的工作能力、效率。

参考文献

1. 蹇泽西 :《"以短养长、长短结合"原则发展脱贫产业》, 2017。

2. 陈丹 :《产销联动 以销定产 产销两旺"种得好"更要"卖得好"》, 2018。

3. 侯军 :《精准救助精神疾病致贫家庭》, 2016。

4. 湖南省郴州市苏仙区人民政府 :《基层反映 : 新形势下村干部面临的"五大难题"》, 2016。

5. 杨婧 :《乡村人才振兴助推贵州精准扶贫》, 2018。

趁着门缝的一缕阳光，全家围着铁炉，点上一巨炭火，烹上一杯热茶，聊聊过往，叹叹未来。

石板路上镌刻着红军走过的痕迹，石山上见证着村庄的历史，风云变幻，不变的是一腔热血，化作山泉，笼漫田间。

秋天，一层薄雾笼漫山间，秋风送爽，溪水潺潺，水流和着云朵，飘向远方，飘向那袅袅炊烟升起的地方，那地方，有原木的清香，有花朵的馨香，有饭菜的浓香，有故乡。

统筹谋划城乡布局
推动一三产业融合发展

——大坪村调研报告

2018年10月17~19日，铜仁市万山区转型可持续发展大调研第六小组张俊立、陈淑琴、宋馨赴大坪乡大坪村开展了为期3天的调研。调研组与村支书周奇兴、村主任杨光木、村支委杨树发、村副主任杨红桥、村妇女主任吴银芝、驻村干部杨赞琨、村监委会委员杨富贵等村支监"三委"开展了调研专题座谈会，与驻村干部杨赞琨、致富带头人刘霞、退休医生杨翠花、脱贫代表杨红桥进行了深度访谈，通过问卷形式对龙康组、油店组、包面组、街上组村民田平、杨根生、杨国良、杨金梅、刘贵萍、杨翠花、杨红桥、代英、袁映金等人进行了入户访谈，实地走访了大坪中学新址、中华蜂养殖产业基地及红色教育基地红军桥，对大坪村的整体发展规划、精准扶贫、精准脱贫、文旅产业及医疗救助等相关重点问题进行了深入了解。调研组发现，大坪村地理位置优越，基础设施相对完善，人口集聚效应显著，集镇化倾向已初显端倪，但产业结构仍相对单一，未来应以集镇化、一三产业融合发展与城乡统筹发展为主要发展方向。

一、基本概况及历史沿革

大坪村位于铜仁市西南部、万山区西北部，距万山区主城区48公里，是大坪乡人民政府所在地的行政村。在1956年至2016年间，大坪村经由大坪高级社、大坪生产大队、大坪人民公社及撤并村后的大坪逐渐演变至今，辖街上、屯湾、凉水井、沺店、包面、田坝、龙康、克麻溪8个自然村寨13个自然村民组。

大坪村全村面积为17.2平方公里，土地耕种面积1960亩，森林面积3000亩。大坪村四季较为分明，气候温和湿润，四面环山，林地茂密。因此，当地湿度较大，村民为御寒生热，饮食方面喜食酸辣，无辣不成席。村内民族特色十分浓厚，首先表现在村民多以族群聚居，多居住在依山傍水的半山腰，现仍存有少量三间并排的木房，其余住房多以砖木结构或水泥砖房代替。其次表现为每逢农历"三月三"侗族传统节日，大坪周边十里八乡的村民都会结伴前往大坪赶场并参加村委组织的文化活动，使这一清咸丰初年遗留下来的传统得以流传。

目前，大坪村共有878户2631人，其中60岁以上老人610名、90岁以上老人1名（周扶春，男，大坪村屯湾组，93岁，侗族）、100岁以上老人1名（杨林芝，女，大坪街上组，104岁，侗族）及三无老人8名。村内民族以侗族、土家族为主。村内现有建档立卡贫困户79户219人，截至2017年底，贫困发生率为0.8%。

大坪村村支监"三委"班子组织配备健全，现有支部书记1人、村委会主任1人、支部委员2人、村委委员2人、村民监督委员会3人。全村共有中共党员47人，并设有5个党小组，党员年龄构成以中年居多。

村支"两委"及驻村干部积极贯彻执行脱贫攻坚政策，落实帮扶责任人制度，通过技术培训、大病保障、村集体经济分红等措施进行精准帮扶及返贫预防。截至2017年，已有71户193人脱贫，仍有8户26人未脱贫。2017年，大坪村以国家财政扶贫资金拨付的30万元作为村贫困对象的股金，入股到村集体经济当中，发展村集体产业。

大坪村经济总量处于全乡中等水平，人均年收入为9100元，主要经济来源为依托乡政府所在地集聚效应而产生的聚集经济及中华蜂养殖带来的产业效益，但就产业结构来说，仍然以传统种养殖业为主。村内人口相对稳定，约有1/4的人口外出务工，大多流向福建、广东等沿海地区从事建筑行业。

二、基础条件及优势特色

根据万山区乡镇规划，大坪村未来建设成的集镇，人口规模在5000~6000人。这一发展定位，决定了大坪村耕地面积在不断减少，产业发展空间不足。由此，村委会转变发展思路，以集镇规划为主，走城镇化发展路线，逐渐明确了以人口集聚为重点，以集镇发展为方向的发展路径。

基础设施相对健全。道路硬化方面，村内县道贯穿，途经龙康组、田坝组、街上组、凉水井组、油店组。2010~2017年共投资190余万元建设"组组通""户户通"项目及联户路硬化项目，实现了公路硬化在全村13个村民组的全覆盖。水源方面，村内两条河流源自大坪村马鞍山，一条河流流经克麻溪组、田坝组、包面组，流至龙门村龙门组；另一条河流流经屯湾组，流至龙门村龙门组。截至2017年，大坪村家

2018年10月19日，调研六组实地考察大坪村中华蜂代养基地，并与技术人员交谈。

家户户均已通自来水，各村民组就近寻找水源点，每个水源点的水均已取样并通过水质监管部门检测，达到饮用水标准，基本满足群众日常生活用水需求。除此之外，农业灌溉亦可得到满足。用电方面，全村生活用电已全覆盖。2015年，依照"一事一议"项目精神，田坝组安装33盏太阳能路灯；2016年实施街道集镇亮化项目，完成安装街上组道路两旁110盏LED电路灯。通信方面，在移动公司的对口帮扶下，投入资金120余万元，实现无线手机信号网络在全村100％覆盖，4G信号覆盖面积达99％以上，并有专线覆盖大坪乡政府、全乡各村委会、乡中学、乡卫生院、乡派出所、乡财政所，开通了互联网、新农合、新农保、财政、计生、视频、电子政务内网、电子政务外网等业务。家庭宽带已覆盖大坪街上组、凉水井组、田坝组、屯湾组，带宽均在100M以上。村支部书记周奇兴说："从我自己的体验来讲，原来我们的信息还是太闭塞，主要还是因为我们这边太偏僻，现在我们装了4G网络，包村干部说以后直接安5G网络，现在家家也都有网络了。"

支柱产业稳步发展。大坪村现有支柱产业为中华蜂养殖产业，产业资金来源于30万元财政专项扶贫资金，发展模式以"村委会＋合作社＋贫困户"为主，委托岑巩县专业养殖公司进行集中养殖，村集体和贫困户按照比例获得收益，实现村集体经济与贫困户生活条件协同改善的发展目标。

公共服务逐步完善。在国家扶贫资金及上级政府部门的大力支持下，大坪村现已建成包含乡中心幼儿园、乡民族小学、乡中学新址、乡卫生院、乡文化广场、乡养老院、村委会办公楼等附属设施在内的一体化基础设施综合体，满足村民在教育、医疗、文化、养老等方面的各项需求。其中，乡中学新校区仍在建设当中。据村主任杨光木介绍，大坪乡中学占地90余亩，新址落成后，将成为万山区集镇中学中占地面积最大、教学配套最为齐全的中学。中学包含足球场、塑胶篮球场、800米跑道操场及2栋学生宿舍、2栋教师宿舍、1栋学校礼堂和3栋主教学楼，师资力量以分派公办教师为主，由万山区统一规划，可满足1400名学生入学需求。

三、创新实践与发展模式

（一）推行代养模式，解放富余劳动力

基于自身土地零散化分布且多为山地，不利于开展规模种植的现状，大坪村积极转换发展思路，创新发展模式，以代养的方式，将120桶中华蜂承包给具有专业技术的养殖公司，年内经济收入达到5余万

2018年10月17日，调研六组实地考察大坪乡中学足球场建设情况。

元。在此基础上以"622"分成方式对盈利进行分红，以每人300元的分成标准带动改善17户贫困户的生活。[①]村委会以代养的模式发展中华蜂养殖，并派专人以每月两次、每次一周的频率去学习先进技术，实现技术共享。这不仅避免了因缺乏技术带来的风险，同时解放了村内的剩余劳动力，让村民能够在享受分红的同时开展其他就业，积极主动地改善生活，精神面貌焕然一新。

（二）大力发展集镇，加快城镇化进程

大坪村的集市发展具有深厚的历史基础。大坪村的集市形成于清

---

① 另有54户129人入股贵州万仁汽车有限公司，以户为单位，1~3人户每户以1600元标准分红；4~6人户每户以3200元分红；6人以上每户以4800元分红，由此，村业项目扶贫已全覆盖。

朝咸丰年间，逢农历三、八赶集，发展到今日，已演变为五天一场集。且大坪村位于黔东南苗族侗族自治州与铜仁市交界处，与玉屏县、岑巩县、江口县相邻，得天独厚的地理优势使得大坪村具备发展经贸市场的先天条件。驻村干部杨赞琨向调研组表示："我们村一定要把农贸市场发展起来。"从区位上看，大坪村远离城市，自成一集。大坪村距铜仁市区约60公里，远离城市但又处于两州三县交界处的位置特点使得大坪村具备走向集镇化的可能。为方便周边村民生活，吸引大量外来人流聚集，大坪村现已规划了占地约5000平方米的开放型、现代化农贸市场。村内也已完成街道集镇绿化项目、街道集镇亮化项目、街道集镇饮水项目等多项集镇建设基础工作，夯实了大坪乡、大坪村发展的基础。

四、突出问题及原因分析

大坪村在明确集镇化发展方向后，围绕集镇发展产生了三个方面的问题。集镇发展总体规划不明确导致的地块分散使得集镇发展缺乏以土地为基础条件来发展传统农业和产业以推动集镇化进程的可能，造成集镇发展缺乏相应资金，无法建立全面、系统的配套工程，这些因素导致集镇发展过程滞缓。

(一) 发展规划不明确，缺乏顶层设计

村内目前对集镇化的发展方向比较明确，但仍未摆脱"就村谈村"的思维桎梏，这主要是由于在确定发展方向时，囿于有限的知识水平及管理能力，缺乏城乡联动、统筹规划的全面思考，没有将

村集镇化发展放入社会转型及全面转型的大布局中，由此导致在集镇化街道建设过程中，建筑错落分布，使原本面积较大的地块支离破碎，失去了后续发展规模化种植的能力，浪费了土地资源。大坪村现有的大面积耕地及平坦耕地已被规划为集镇建设用地，在集镇化过程中，随着基础设施建设规模不断增大，未来仍需开展大面积征地工作。

（二）产业底子较薄弱，缺少增收动力

由于缺乏整体规划导致村内无连片地块，剩余土地多为无法创造经济效益的零散化耕地。加之村内产业底子薄弱，现有产业结构相对单一，无优势支柱产业为乡村经济稳步发展提供持续动力，这使得大坪村目前既无法通过发展传统农业为集镇化发展提供资金支持，也无法通过产业转型促进经济发展。村主任杨光木说："村里现在刚刚脱贫，各项工作开展得都很仓促，没有时间自己管理产业，所以只能用代养的方式为村民谋福利，保证村里的正常运转，对群众有个令人满意的交代。"传统农业和产业转型发展不足的短板造成大坪村在推进集镇化发展的过程中资金十分有限，只能阶段性地完成集镇化所需的各项建设任务，使得集镇化推进过程较为缓慢。集镇化发展缓慢又加剧当地经济发展后劲不足的问题，产业结构调整缺乏动力，由此产生经济与社会难以同步推进转型的恶性循环。

（三）配套设施不健全，缺乏发展支撑

乡村集镇化发展是一项综合性的系统工程，需要完整的生活、商业、服务方面的配套支撑。大坪村的基础设施建设与现有集镇规划尚

不配套，主要表现如下。

基本生活保障方面，用水用电等基础建设虽已实现户户通，能满足村内现有人口使用，但村副主任杨红桥也表示，"村内水源主要是山泉水，受天气因素影响较大，水量不充分，也存在村民水不够用的问题。"根据大坪村的未来发展预期，人口或将达到5000~6000人乃至更多，解决生活所需用水的持续性充足供给问题需要得到关注。

商业发展方面，大坪村虽紧邻县道，但缺少必要的交通枢纽以满足城、县、乡、村之间的连接，交通站点仍以街边流动站点为主，未打通城乡交通带联动机制。

生活服务方面，以医疗保障为例，医疗指导制度不健全，医疗服务配比失调，医资力量亟待加强。大坪村退休医生杨翠花告知调研组："尽管乡卫生院现在硬件设施上已逐渐完善，但技术骨干及医疗能手仍旧短缺。"其根本原因在于医疗指导制度不健全，医务交流系统不完善。具体来说，一是卫生所医生缺乏医疗实践经验，业务能力强的医生不愿驻村。乡卫生院现虽有医生18名，但均为卫校大专或中专应届毕业生，技术能力不强，在业务实践上不熟悉具体的病征表现，无法处理疑难病症。二是医生配比严重不均，乡卫生院现有医生全部为全科医生，专科医生相对缺乏。杨翠花还告知调研组："现在乡卫生院的医生虽然样样都会，但样样都不精，还有些年轻医生有得过且过的想法，不专注于精通业务技能。"三是区级医院下派医生缺乏针对性。区医院会定期下派医生驻村，但未针对乡卫生院具体情况，多派驻一般医生而非技术骨干，下乡驻医以基层实习为主，而非提供专业技术指导，无法真正满足乡卫生院在医疗指导方面的需求。

2018年10月18日，调研六组走访大坪村退休医生杨翠花家。

五、对策与建议

（一）加强顶层设计，统筹谋划城乡布局

《中共中央 国务院关于乡村振兴战略规划（2018—2022年）》提出要推进城乡统一规划，并进一步明确指出，需通盘考虑城镇和乡村发展，统筹谋划产业发展、基础设施、公共服务、资源能源、生态环境保护等主要布局，形成田园乡村与现代城镇各具特色、交相辉映的城乡发展形态。集镇作为城市与乡村的重要连接点，包含了经济活动与交往活动，是城镇的雏形。大坪村在推进集镇化过程中，村支"两委"需扩大视角，以高视角、高站位加快村、乡、县、城融合步伐，利用乡级县级有效资源，实现基础设施互通有无、公共服务共建共享。合理确定村庄布局和规模，避免大拆大建，打造集约高效生产生活用地。

(二) 强化主导产业支撑，推动一三产业融合发展

快速经济与集体经济相结合，大坪发展大有可为。大坪乡地处三县交界处，与岑巩、江口相接，结合大坪村集镇规划的战略方针，可大力发展由大坪乡通往铜仁及其他地市的客运业务，由此推进大坪村集镇化进程。结合黄腊溶洞旅游产业及村内红军桥的开发建设，发展乡村民宿，种植无公害蔬菜，发展绿色生态养殖，与城市超市开展供应合作关系，养－产－销一条龙，全面解决产业链所涉及的各个关键问题。通过快速经济带动乡村经济发展，打造农村产业融合发展新载体新模式，推动要素跨界配置及产业有机融合，[①] 让一三产业在融合发展中同步升级、同步增值、同步受益。村致富带头人刘霞说："采用集体经济模式开展桂花树种植产业，通过分析我们这儿的气候及土质，结合现有种植条件，在大坪村进行利用零散地块种植桂花树的尝试，销售桂花景观。"

在解决村民劳动就业的同时通过分红改善村民生活。以特色小镇为目标，推动全面转型。大坪村目前定期化、分散式的模式逐渐转向长期化、固定式的发展模式，实现了在市场经济层面的转型。以文旅产业带动乡村民宿、绿色养殖发展，实现了文化产业层面的转型。未来，大坪村可利用其健全的基础设施及大型集镇，转向特色小镇建设模式，推动经济、文化、社会全面转型。

(三) 补齐基础设施短板，促进城乡互联互通

在集镇化基础设施建设方面，大坪村应着力统筹商贸、交通、市

---

① 中共中央、国务院：《乡村振兴战略规划（2018—2022 年）》，2018。

场、能源等方面协同发展。具体表现为通过发展镇村公交聚集人气，鼓励快递、运输企业加大在村里的网络布局，以便利的交通带动大量的人流，进而促进乡村经济发展。以经济振兴带动村里电网升级改造和饮水工程改造，推动农村能源升级。提高基层医疗队伍水平，加强乡村医生教育和培养工作。大坪村可鼓励符合条件的在岗乡村医生进入中、高等医学（卫生）院校（含中医药院校）接受医学学历教育，并进入区级市级重点医院进行学习，提高整体学历层次及医疗操作能力，着力打造一支以全科医生为基础，以专科医生为重点，数量充足、结构优化、品德高尚、技术精湛、服务优良的基层医疗卫生队伍。通过打造便捷的生活圈、完善的服务圈、繁荣的商业圈，推动大坪村集镇化进程，构建乡村振兴新格局。

参考文献

1. 中共中央、国务院：《乡村振兴战略规划（2018—2022年）》，2018。
2. 张候萍：《城镇化进程中集镇建设问题探析》，2018。

记不清有多少根竹条在老翁手中轻松滑过，转眼，竹条牢牢地盘结在一起，生怕漏下，争先恐后地成为乡村的一员，而老翁指尖习惯了每天和它们倾诉着关于这里和自己的过往。

屋檐下，阳光洒满院子，一捆捆整齐的木柴在门前堆放。阿爸在灶台留下的地瓜，还挂着露水，而屋里的红椅，已是空荡荡。他又挑着那箩筐，去往劳动的方向。

龙门河上的小桥，同老屋中的人，一同经历着这里的风吹雨打、温暖阳光。每当日落西山，炊烟袅袅，总能听见桥下潺潺溪水，人们耳语欢笑。

动员精英回流 助力乡村建设

——龙门村调研报告

　　2018年10月20~21日，铜仁市万山区转型可持续发展大调研第六小组张俊立、陈淑琴、宋馨赴大坪乡龙门村开展了为期两天的调研。调研过程中，调研组与村支监"三委"、第一书记肖荣（区法院干部）、包村领导任劼娟（大坪乡副乡长）、驻村干部杨宇凤召开座谈会，了解了龙门村发展的整体情况。与第一书记肖荣，村致富带头人舒祥恩，村医龙香，大坪乡专职消防队队员、村监督委员杨军权进行了深度访谈，对舒秀权、舒祥远、张丫头、舒建江、舒高海、舒顺堂、杨昌勇、杨昌权、舒水塘、杨余昌、舒莲花等村民进行入户访谈，并实地走访了龙门江组、杉木林组、万家冲组等村民组以及龙门村生猪代养项目主体工程和黄桃种植基地。通过调研，调研组对龙门村的整体发展情况有了比较系统的了解，特别是对龙门村的精准扶贫、精准脱贫工作及其在自身发展中的做法，以及下一步发展面临的困难有了较为深入的了解。作为曾经的贫困村和传统的农业村，龙门村的产业发展尚处于起步阶段，其存在的问题在一定程度上也是当前万山区农村发展中面临的共性问题。在下一步发展中，调研组认为，龙门村应从推动产业结构转型升级、提升乡村治理水平和提高农村公共服务水平等方面着手，不断提升龙门村的发展品质和发展水平。

一、基本概况及历史沿革

（一）基本概况

龙门村位于大坪乡中部地区，东面、东北面与川硐村相邻，南面与岑巩县亚阳乡相接，西面与铜锣村相接，北面与大坪村相连，总面积13.72平方公里，耕地面积1100亩，森林面积6.8平方公里，境内有1条河流，能够基本满足全村农田灌溉需要。

全村辖龙门江、矮板沟、杉木林、龙元、罗家坡、万家冲、腊树湾、大坡上8个村民组，共有501户1499人。以侗族、土家族、苗族人口居多。村民以舒姓、杨姓为主。

（二）村名由来

龙门村村名寓意鲤鱼跃龙门，其由来有一个传说故事。从前有一户人家的祖坟在迁坟时，一对鲤鱼从墓中飞出，跃过了龙门江组，跳进一口水潭，因此该村得名龙门村，这口水潭也就被称为龙潭，也叫龙门河。龙潭流经现龙门村村委会，清澈见底，时有野生鱼游过。

（三）组织建设

龙门村村支监"三委"班子组织健全，现有支部书记1人、村委会主任1人、支部委员2人、村委委员1人、村民监督委员会3人。建有妇联、治保调解、计生等配套组织，负责人全部由村"三委"成员兼任。目前

2018年10月20日，调研六组与龙门村村委会、支部委员会、监督委员会进行座谈。

全村共有党员29人，党员年龄整体偏大。2018年新发展青年党员1名。

（四）精准脱贫

龙门村全村共有精准建档立卡贫困户140户487人。其中，龙门江组35户、矮板沟组17户、杉木林组21户、龙元组14户、万家冲组28户、罗家坡组6户、腊树湾组8户、大坡上组11户。

二、基础条件及优势特色

（一）自然环境优美

龙门村属高原丘陵地形，其大部分村庄沿道路建设，小部分村落在坡地上。龙门村人口不多，生态环境保护良好，六个村民组均被青山掩映。辖域内有一条龙门河，从龙门江组入村口经过龙元组流入黔东南自治州岑巩县。作为一个以侗族为主的民族聚居村落，龙门村主体建筑风貌体现了乡村民居"小青瓦、坡屋顶、转角楼、雕花窗、青砖墙、花垂柱"六大核心要素，其他居民点为现代建筑。

（二）人居环境不断改善

作为欠发达地区的山地农村，曾经的龙门村基础设施相对落后，"晴天一身灰、雨天一身泥"是当时龙门村民生活的真实写照。"2016年我作为第一书记到龙门村来的时候，有几个村组的路还是泥土路，现在都已经硬化成柏油路了。"我们调研组走访了8个村组中的5个，村村通、组组通已经全部实现。调研中，村民普遍反映道路交通、用水、住房等基础设施是近几年变化是最大的。"五改一维一化"已全面完成，惠及全村8个村民组367户，百姓住房得到保障。得到区水务部门的支持，完成全村人饮工程，老百姓能都用上自来水，"结束了取水肩挑手抗的日子"。村里开展了农村环境美好亮化工程，积极争取人居环境治理亮化、绿化、垃圾处理项目，并安装了130盏太阳能路灯。

（三）公共服务设施逐步完善

2018年，村委会修建了村级卫生室，争取了27万元的社会主义核心价值观文化广场项目落户龙门，为村民提供了一个休闲娱乐的场所。在教育方面，由于龙门村是2016年从大坪村中拆分出来的，距离大坪村街上比较近，再加上本身人口较少，很多年轻父母将孩子送到街上上学，故目前龙门村没有完全小学，只有一个教学点。一、二年级和学龄前孩子总共24人。

三、创新实践与发展模式

（一）龙头企业带动，建立利益联结机制，提高集体经济抗风险能力

龙门村作为贫困村，实现稳定脱贫、增收致富的关键在于发展产业，壮大集体经济。龙门村村支监"三委"也认识到集体经济的重要性。2016年年底，龙门村成立了聚宝养殖专业合作社和百瑞种植专业合作社，并吸纳全村贫困户加入合作社，按照"622"模式进行分红。龙门村集体经济的发展主攻种植业和养殖业，传统的种养殖业受市场影响较大，规避市场风险是确保集体经济稳定发展的关键。针对这一问题，任乡长表示："龙门村的生猪代养项目采用的是与广州温氏集团合作，龙门村负责提供厂房，温氏集团统一提供仔猪、饲料、技术服务。合作双方根据上一个合作周期生猪肉的市场价格，核定本年度猪肉回收价格，避免出现市场带来的收入风险。"在养猪场进行实地考察时发现，目前生猪养殖场的基本建设已经完成，据村支书介绍，厂房建设严格按照温氏集团的标准进行，猪场建有化粪池、发酵床等一系列环保措施，确保不会造成环境污染。在问到下一步发展方向的时候，任乡长介绍，在猪场选址时就预留了二期建设用地，未来肯定是要扩大规模的。但是由于农户的技术水平有限，目前还没有考虑发展生猪繁育等业务，重点还是走代养的模式。

（二）动员精英回流，创新乡村治理机制，助力乡村建设

乡村精英是乡村社会中，某些在经济、能力、资源等方面拥有优势，并利用这些资源取得一定的成就，为乡村做出突出贡献同时被赋

予一定权威,能对乡村本身乃至其成员产生影响的乡村成员。[1] 改革开放以来,随着龙门村外出务工人员的增多,一部分村里人在外地做生意、办企业,个人收入十分可观,有的已经当上老板。近几年来,随着贵州省、铜仁市大开发大建设,各种发展环境不断优化,有一部分外出人员,特别是取得一定成就的人开始返乡创业或者回报家乡,这些人可以被称为新时代的乡村精英。在龙门村也有这样一个群体。我们调研访谈的对象舒恩祥就是其中一个代表。

舒祥恩2001年因为生活困难到苏州务工,从建筑工地干起,凭着勤奋好学、吃苦耐劳的品质,一步步干到主管,直到当了老板。"2013年9月,我开车在铜仁周边到处看了一下,我说我该早几年回来,我真的低估了铜仁,想不到铜仁变成了这个样子,最后我就安心在铜仁发展了。"

与一般的企业家不同,乡村精英返乡有利益驱动的因素,也有一份对家乡的情感。2016年以来龙门村开展的"五改一化一维"项目,全部是由舒祥恩和他的团队负责的。"我们这个项目,全部都是用的我们村的人。如果是外地老板的话,肯定不会用这里的人,话说白一点,要是我在别的地方做,我肯定要带着我自己的工人走。"2016年至2018年,舒祥恩在"五改一化一维"项目中,解决了十几个村民的就业问题。"其实这个项目当时有些人是不愿意做的,因为这几年都在搞建设,政府也没钱。"单龙门村的"五改一化一维"项目,舒祥恩就已经垫付了500多万元。对于这部分垫付资金,舒祥恩说:"如果

---

① 项辉、周俊麟:《乡村精英格局的历史演变及现状——"土地制度—国家控制力"因素之分析》,2001。

2012018年10月20日，调研六组访谈龙门村致富带头人 舒祥恩。

还有这样对村子好、对老百姓好的项目，我还是要干的，哪怕是垫资也要干。"像这样的致富带头人、返乡精英在龙门村不止舒祥恩一个，龙门村正是认识到并用好了这个群体的作用，为乡村的发展注入了新的活力。

四、突出问题及原因分析

（一）产业层级不高，产业结构同质化严重

龙门村是传统的农业村，2014年以前农业还是传统的发展方式，算不上是真正意义上的产业。2014年以后，龙门村开始注重农业结构调整，发展集体经济。但是从目前的产业结构来看，生猪代养、林下

养鸡都属于比较传统的、处于产业价值链下游的传统养殖业，经济附加值不高。而黄桃的种植，也面临市场同质化明显、市场恶性竞争的潜在风险。据了解，龙门村种植的280亩黄桃最快2020年会有部分挂果。在黄桃种植上，村主任介绍说，为了种植黄桃，村支"两委"专门去玉屏县的黄桃种植基地考察过，发现龙门村的黄土壤特别适合种植黄桃。龙门村的黄桃品种是从玉屏县引进来的，"当时还是签署了保密合作协议的，我们这个黄桃应该是'皇桃'，个头特别大，有一种蜂蜜的香甜，与大坪乡其他村的黄桃不是一个品种。"在问到其他村也在种植黄桃，龙门村以后黄桃会不会好卖、能不能卖出好价钱时，村主任骄傲地说："这个市场很大，现在一市斤就能卖到25、26块钱呢。"但调研组在其他村走访调研时了解到，目前大坪乡的黄桃种植多是与玉屏县黄桃基地开展合作，龙门村的黄桃是否真的是"皇桃"不得而知。从发展前景看，调研组认为龙门村对市场缺乏科学的认知。目前全乡已经投产和预计投产的黄桃达到上千亩，再加上其他乡镇、玉屏县的黄桃种植面积，未来市场并不明朗。但调研中发现各村对黄桃未来的发展较为乐观。

（二）人才队伍支撑不足，持续发展缺乏动力

人是支撑发展的关键性要素。近年来，龙门村外出务工的青壮年劳动力逐年增多，这在很大程度上增加了农民的收入，但也造成农村发展劳动力不足的问题。特别是一些掌握较高劳动技能的青年人的外出，导致了龙门村在产业持续发展和转型升级方面的人才和技术支撑不足。龙门村村主任介绍："在农村，人才非常缺乏，特别是像养猪、养鸡这一块，一旦技术上出问题，损失就很大，需要专业的技术人才，

需要经常有专业人员指导和由村委组织人员去培训。在种植养殖这方面想取得好的效益，还是有难度的。"与此同时，从龙门村村支"两委"班子年龄整体偏大。据龙门村支部书记介绍，"农村干部的工资太低，年轻人都不愿意干。"而村干部的能力、眼界对一个村的发展具有很大的影响。

（三）乡村医生待遇低，基层医疗设施亟待完善

调研发现，龙门村有一个卫生室，是2018年改造的，但目前整体上设施还不完备，没有达到有独立分开的门诊室、治疗处置室、注射输液室和药房的标准，不具备远程培训、远程医疗的功能。在乡村医生方面，目前乡村医生一个月的工资是500元，药物注射一次1.5元，输液一个疗程（三天）10元，特别是实行药物零差价以后，乡村医生的收入实际上是降低了。"我们这个国家还是要重视基层工作，村医真的不容易，我们村医还不如一个兽医。"同时，乡村医生目前还没有缴纳"三金"。

五、对策与建议

（一）坚持产业结构转型与发展模式创新同步推进，逐步形成规模效应和品牌效应

针对当前龙门村在产业发展中面临的一系列问题和风险，建议其要立足自身发展基础，以壮大集体经济为核心，以模式创新为路径，不断形成产业优势和品牌优势。

一是大坪乡要进一步统筹全乡整体发展。进一步加强对区域内产

业发展的统一规划和设计，明确全乡产业发展的空间布局，在此基础上确定各村的主导产业和配套产业，实现错位发展、借力发展。

二是坚持市场前置，探索"订单农业＋认养农业""线上＋线下"的发展模式。围绕种植业，探索由村合作社与农产品的购买者签订订单，根据订单组织安排农产品生产。围绕养殖业，探索由村集体统购统销，养殖过程由农户自愿领养，所得收益由村集体和农户按比例分成。要积极推进电子商务进农村，探索建立线上线下相结合的销售渠道，培育现代供应链主体，密切产销衔接。

三是推动农业就地转型，积极培育上游产业链。以生猪代养项目为基础，学习和引进相关的专业技术，完善产业链，提高产品附加值和市场竞争力。抓住用好大坪乡黄腊溶洞开发建设的契机，探索乡村旅游业的延伸产业，实现农民就地就业、农业就地转型、农产就地升值、农村就地致富。

（二）进一步完善基层党组织和乡村治理体系，建设充满活力、和谐有序的善治乡村

乡村治理是社会治理的基础和关键，是国家治理体系和治理能力现代化的重要组成部分。在乡村振兴战略背景下，龙门村要从自身所处发展阶段的实际出发，遵循乡村社会发展的规律，着力构建以党的基层组织为核心，以村民自治组织为主体，以乡村法治为准绳，以德治为基础的乡村治理体系。

一是要加强农村基层党组织建设。农村基层党组织是党的基层基础，加强基层党组织建设是固本之策。要进一步优化村支监"三委"的党员配比，特别是要积极吸引本村致富能手、外出务工经商人员、

本村本乡大学生毕业生加入党组织，实现村党组织带动人整体优化。同时要进一步明晰村支监"三委"的职责定位，确保村党支部对本村发展的全面领导。

二是提高村干部待遇。加大财政扶持力度，建立健全村干部工资逐年增加机制和村干部岗位绩效考核制度，努力提高村干部的经济待遇，解决其后顾之忧。加大对村干部的关爱力度，让广大村干部在政治上有激励、工作上有支持、待遇上保障、心理上有关怀，不断调动村干部干事创业的热情。

三是加大普法力度，增强农村干部法治观念和法治为民意识，提高农民法治素养。健全农村公共法律服务体系，加强对农民的法律援助和司法救助。推动实现法律援助在乡村的全覆盖，增强法律服务工作的主动性，使村民找得到法、用得到法、信得过法。

（三）以乡村医生队伍为重点完善基层医疗卫生体系，推动健康乡村建设

《中共中央 国务院关于实施乡村振兴战略的意见》提出要推进健康乡村建设。乡村医生是推进健康乡村建设的主力军。中共中央、国务院发布的《乡村振兴战略规划（2018—2022年）》进一步明确提出，要切实加强乡村医生队伍建设，支持并推动乡村医生申请执业（助理）医师资格。乡村医生是具有中国特色、植根于广大农村的卫生工作者。

一是逐步推进乡村卫生室规范化建设，提升基层医疗机构服务能力，全力解决老百姓"看病难、看病贵、看病远"的难题，让群众在家门口就能享受到质优价廉的医疗卫生服务。

2018年10月21日，调研六组访谈龙门村村医龙香。

二是按照《全国乡村医生教育规划（2011—2020年）》要求，切实加强乡村医生教育和培养工作。鼓励符合条件的在岗乡村医生进入中、高等医学（卫生）院校（含中医药院校）接受医学学历教育，提高整体学历层次。着力打造一支以全科医生为重点，数量充足、结构优化、品德高尚、技术精湛、服务优良的基层医疗卫生队伍。

三是切实落实乡村医生多渠道补偿政策，综合考虑乡村医生工作的实际情况、服务能力和服务成本，采取购买服务的方式，保障乡村医生合理收入。探索建立动态调整乡村医生各渠道补助标准，逐步提高乡村医生的待遇水平。积极争取艰苦边远地区和连片特困地区乡村医生的地方财政补助。

参考文献

1. 郑会霞：《构建新时代乡村治理体系》，学习时报，2018.08.31。

2. 项辉、周俊鳞：《乡村精英格局的历史演变及现状——"土地制度—国家控制力"因素之分析》，2001。

3. 国务院办公厅：《关于进一步加强乡村医生队伍建设的实施意见》，2015。

粉色的绒毛，呼扇的耳朵，肥肥胖胖的猪仔，是盎然的生机，更是致富的希望。

日出而作，日落而息；伴着炊烟，归于家去。乡间弥漫的，是乡的味道，是家的味道，是亲人的味道，是思念的味道。

绿树郁郁，芳草葱葱，一年一轮回，田间隆起的，是丰收的喜悦，亦是希望的萌芽。

线上线下齐发力　推动产销一体化

——黄花村调研报告

2018年10月23~24日，铜仁市万山区转型可持续发展大调研第六小组张俊立、陈淑琴、宋馨赴大坪乡黄花村开展调研。调研组通过与包村领导张钟明、驻村帮扶干部滕树田、村支部书记冯由军、村主任杨光清、村副主任田仕洋、村监督委员会主任郑世友、村支部委员杨振、村委委员牟文娅、驻村工作组成员李元隆和张娅等在内的村支监"三委"开展调研专题座谈会，与驻村帮扶干部滕树田、村致富带头人杨振、退休老教师杨盛仕、脱贫代表郑世才进行深度访谈，赴冯家组、长冲组、观音塘组、土鲁湾组、杨家山组、黄花组等村民组对冯有冒、杨胜玉、杨农昌、龙芳华、龙连香、龙俊情、潘木培、郑勇、杨胜、陈平仙等村民进行了入户访谈，实地走访村集体经济养牛场，圆满完成了为期两天的调研。通过调研，调研组对黄花村的整体发展情况，特别是精准扶贫、精准脱贫、文旅产业等重点问题进行了深入了解。调研组发现，黄花村地理位置良好，基础设施正在逐步完善，村容村貌干净整洁，村民发展的意愿强烈。但目前产业结构相对单一，村集体经济尚处于初级发展阶段。调研组认为，黄花村要以传统村落的保护利用为抓手，在补足短板的同时更要发挥自身优势，以旅居为重点，探索乡村旅游新模式。对于传统种植业，在做好产业升级的同时更要把握好市场规律，积极探索订单式农业，推动集体经济持续健康发展。

一、基本概况及历史沿革

黄花村位于万山区大坪乡东面，东面、南面与鱼塘乡鱼塘村和大坪乡苏湾村相接，西面和北面与川硐村、柴山村及鱼塘乡文基村毗邻。从1956年至2016年，黄花村经由黄花高级社、黄花生产大队、黄花人民公社及撤并村后的柴山村逐渐演变至今，成为辖冯家、长冲、竹林洼、观音塘、土鲁湾、七里屯、新斗坪、杨家山、黄花9个自然寨、12个自然村民组的村庄。辖区位于东经109°0′~109°02′，北纬27°32′~27°33′。全村面积7.46平方公里，土地耕种面积756.29亩，其中稻田面积423.86亩、旱地面积341.43亩、林地面积2513亩，森林覆盖率达62.3%。

黄花村四季较为分明，气候温和湿润，林地茂密，植被资源丰富。也正因如此，当地湿度较大，食物不易保存，村民家中多挂有自家腌制的腊肉，口味以酸辣为主。村内民族特色浓郁，村民多以族群聚居，全村仍有50余处民族特色木屋，很多侗族老人仍保有手工编织竹篓的技艺。

目前，黄花村共有260户1023人，其中60岁以上老人149名、90岁以上老人6名、100岁以上老人1名（吴春英，女，黄花村观音塘组，101岁）及三无老人5名。村内民族以侗族、土家族、苗族为主。村内现有建档立卡贫困户61户184人，其中未脱贫4户15人，截至2017年底，贫困发生率为1.57%。

黄花村村支监"三委"班子组织配备健全，现有支部书记1人、[①]村委会主任1人、[②]支部副书记1人、村委会副主任1人、支部委员1人、村委会委员1人、村委监督委员会3人。全村共有中共党员31人，党员构成以中年居多，年轻党员较少。

黄花村村民收入位列全乡中上等水平，人均年收入10476元，村民主要经济来源为外出务工和自主创业。黄花村产业结构比较单一，农产品种植方面仍以玉米、稻谷等传统农作物为主，只有少量村民种植核桃和黄桃。村内集体经济尚处于起步阶段，依托肉牛养殖产业覆盖全村贫困人口。村内约有2/5的青壮年劳动力外出务工，大多流向铜仁等地从事建筑行业或自主创业，村内以老人和儿童居多，"空心化"现象比较严重。

（一）基础条件及优势特色

近年来，黄花村将扶贫工作与产业开发作为全村发展的首要任务，积极贯彻落实扶贫政策和扶贫措施，通过开展"5321"[③]结对帮扶，对贫困户进行一对一帮扶，做到一户一策、精准施策。黄花村在积极落实惠农民生政策、助力全村脱贫的同时，通过完善基础设施建设，改善了村寨的整体环境，并着力发展集体经济，助推群众脱贫致富。

---

① 冯由军1998~2000年任黄花村支部委员，2007~2010年任柴山村副主任，2014~2016年任柴山村支部委员，2016年任黄花村支部书记至今。

② 杨光清1991~1993年任黄花村村主任，2010~2013年任柴山村村主任，2017年任黄花村村主任至今。

③ "5321"帮扶制度即县级领导帮扶5户、科级领导帮扶3户、股级领导帮扶2户、一般干部帮扶1户。

2018年10月22日，调研六组与黄花村包村领导张钟明、驻村干部滕树田以及黄花村支部委员会、村委会、监督委员会进行座谈。

基础设施逐渐健全。道路硬化方面，截至2017年底，黄花村已完成全部通村、通组公路建设，通村公路6.5米宽，已覆盖村内8个村民组。用水用电方面，全村各组自来水已于2017年全部接通，生活用电已于1989年实现全覆盖。村里通过帮扶单位于2017年4月率先在黄花组安装太阳能灯，全村各组太阳能灯安装计划已被纳入下一阶段的乡村振兴战略规划中。"五改一化一维"①方面，截至2018年3月，全村共投入近千万元，所涉266户已全部改造完工。通过全面落实"五改一化一维"政策，真正改变了村容村貌。文化活动方面，黄花村现已配套建成1处文化广场、1处体育广场，为开展各项文娱活动提供了场所，并于2008

----

① "五改"即改水、改电、改厕、改圈、改厨；"一化"即房前屋后硬化；"一维"即房屋维修。

年实现电信、移动的网络全覆盖，后期将完善其他配套设施，进一步丰富村民日常生活。

注重农民就业培训。黄花村坚持智力扶贫，针对贫困户劳动力技能不足的实际情况，通过区就业局牵头，整合全市各类专业技术人才作为主讲老师，组织开展贫困户劳动力参加包含种养殖技术、厨师技术、驾驶技术、家政服务、电焊技术、挖掘机技术等在内的各类技术培训，切实提高贫困户劳动力的务工技能。2017年共组织两期技术培训，大坪乡共有1500名村民参加。参加培训的多为易于接受新事物和新思维的年轻人，大多数本地村民仍习惯于农村耕种，在主观想法上缺乏参加培训的意愿和动力，在客观行动上接受培训的能力较差，这一现象也加剧了村内青壮年劳动力外出务工的情况。

集体经济快速成型。2017年，黄花村投入财政扶贫资金52万元，成立铜仁市黄花清新传统农业专业合作社，建成土鲁湾肉牛养殖基地，引进肉牛60头，吸纳全村61户184名贫困人员为合作社社员。截至2017年底，村集体经济分红资金37700元，实现村内贫困户全覆盖。除此之外，黄花村于2018年引进铜仁绿技源公司的技术和树苗，在新斗坪组建成黄桃种植基地270亩，着力推进黄桃种植。

二、创新实践与发展模式

(一)"合作社 + 农户散养"，为养殖业发展注入新活力

在调研中发现，黄花村在集体经济发展方面探索"合作社 + 农户散养"的新模式，有效调动了农户的积极性，破解了集体经济内生动力不足的难题，为壮大村集体经济，实现农户增收致富进行了有利探索。

黄花村成立的土鲁湾肉牛养殖基地作为村集体经济，覆盖全村贫困人口61户184人，并按照1~3人户入股1股、股金分红500元／年，4~6人户入股2股、股金分红800元／年的标准对贫困户进行分红。在此基础上，充分鼓励有养殖意愿的农户从合作社认养肉牛，由合作社对肉牛进行全程养殖指导和疾病防疫，并按照双方签订的协议对肉牛进行回收。如果肉牛在养殖期间因病死亡，其风险由合作社承担。这极大程度上降低了农户的养殖风险和市场不稳定风险，确保了农户的稳定收益，调动了农户的养殖积极性，增加了农户收入的稳定性。同时，合作社也能够更大程度提高养殖能力，将精力更多地放在肉牛的品种优化和市场拓展上。通过"合作社＋农户散养"模式，黄花村在调动农户积极性的同时扩大了合作社的养殖规模，吸纳农村剩余劳动力，给予农户稳定收益，实现了农户与合作社的共赢。

(二)"线上＋线下"，为种植业销售拓展新市场

市场销售渠道的畅通与否直接关乎种植业发展带来的效益。在调研中了解到，黄花村正在着力推进黄桃的种植。在当前大坪乡多个村都在开展黄桃种植业的情况下，如何确保稳定的销售渠道成为当前黄花村村干部极为关注的问题。

经黄花村驻村帮扶干部滕树田介绍，黄花村正在探索订单农业[①]发展模式。订单农业能够保障农户种植的农产品适应市场需要，并以一

---

① 订单农业，即农户或合作社在生产之前与农业企业签订具有法律效力的合同或者契约，农民按照合同的规定生产某种农产品，到期为农业企业提供对应数量和质量的农产品，而农业企业按照合同约定的价格收购农户的农产品或者帮助农户销售约定数量的农产品。

2018年10月22日，调研六组与黄花村包村领导张钟明、驻村干部滕树田以及黄花村"三委"委员走访肉牛养殖基地。

定的价格和数量销售出去，避免了盲目生产和农产品滞销情况的出现，能够有效提升农民的收入。特别是在互联网背景下，要积极推进电子商务进农村，探索建立线上线下相结合的销售渠道，培育现代供应链主体，密切产销衔接。

三、突出问题及原因分析

(一)"空心化"现象突出，劳动力数量不足与结构不优并存

黄花村在发展过程中的主要经济来源为外出创业和务工收入。村内青壮年大多外出务工，老年人和儿童留守家中，黄花村"空心化"现象严重。究其原因，在于农产品市场价格偏低，且受市场因素影响

较大，农业抗风险能力低，无法以利润吸引村民发展传统种养殖业以维持生计。年轻人和有技术的青壮年多向外寻求出路，造成技术人才流失，抑制本村产业发展。人口的单向流出使乡村"空心化"结构进一步加剧，从事农业生产劳动力的流失致使耕地粗放经营甚至抛荒，造成耕地质量的降低和土地资源的浪费。

（二）产业层级不高，发展方向与发展模式有待谋划

大坪乡属山地气候，属于无污染乡镇，整体来说适宜发展农业和种植业。黄花村现已发展集体经济养牛场，但还未进行循环产业规划。养牛场已出栏肉牛128头，牛粪目前集中堆放在养牛场外的空地上，未向有机肥料转化。调研组走访得知，大坪乡多村均在发展黄桃种植业，黄花村也已规划270亩的黄桃基地，但全乡范围内仍以各村为单位，各自规划发展。在技术上未实现共享，在土地上未进行整合，在产业上未形成连片，使得乡内和村内优势资源利用率低。黄花村致富带头人杨振告诉调研组："现在我们村面临着政策瓶颈，土地流转政策没有就用于农业耕地之外的用途给明确说明，所以村民自己有地他不想种也不愿意往外租。"加之耕地粗放经营，使农村最显著的土地资源优势未得到最大限度利用。"梯田本来可以预防病虫害的发生，是很适合进行种植的，浙江人可以到我们村来种草莓，但我们自己却不懂得利用，不善于利用自身优势进行发展。"

（三）传统木屋破损严重，保护与开发利用亟待破题

传统木屋是大坪乡少数民族生活方式的重要印记，具有重要的历史价值。目前，黄花村仍有50余处特色木屋，也有一两处百年以上木

屋，但村内对传统木屋保护意识薄弱，对木屋均未进行系统的、有规划性的维护，木屋破坏严重，且多处于闲置状态。在此次"五改一化一维"的过程中，由于缺乏保护意识，对木屋外立面进行抛光打磨，并以三合板加固，人为地给木屋打了"补丁"，这实际上给传统木屋造成了很大的破坏。与此同时，受"一户一宅"政策的限制，村寨中不断以混凝土砖房取代木屋，传统的乡村风貌正在逐渐消失。

四、对策与建议

(一) 提升层级，推动传统产业就地转型

黄花村应按照建设现代化经济体系的要求，加快农业结构调整步伐，着力推动农业由增产转向提质。[①] 打通农产品产业链，由目前种植过多、产业过剩的传统农业转向农业与农副产品相结合，对农产品进行深加工，增加产品附加值，延伸产业链。黄花村可以将黄桃种植产业延伸至黄桃酒酿造、黄桃罐头制作，并引进外来深加工企业，吸纳本村劳动力，带动村民由传统农民向技术农民转型。

与此同时，合理布局规模化养殖场，大力发展种养结合循环农业，促进养殖废弃物就近资源化利用。黄花村可以利用养牛场发展循环产业，以资源定规模，以规模量产出，以产出统销量。将牛粪统一处理，转化成有机肥料，用于蔬菜种植，将种植业和养殖业纳入循环产业的链条当中。通过村寨农业转型、产业发展的新态势，解放、开阔村民的思维和视角，让村民"想提升、想转变、想留下"。

---

① 中共中央、国务院：《乡村振兴战略规划（2018—2022 年）》，2018。

（二）创新模式，激活发展潜力

目前大坪乡种植业以黄桃、蜂糖李、葡萄为主，养殖业以肉牛养殖、生猪养殖为主。在进行产业转型时，黄花村可以利用现有资源与乡内其他村落及邻近的鱼塘乡进行资源互补和优势资源共享，转竞争对手为合作帮手，通过技术共享培养乡土人才。探索农业产业园和农业物流园发展模式，成立农业产业协会，将全乡的蔬菜、水果集中并统一管理，实现产业连片发展。着力发展"订单式"销售模式，加大电子商务宣传力度，完善物流配送链，以恒定的销量和稳定的物流拓宽产品的销路，解决现有产业的产品销售问题。

（三）用好资源，振兴乡村旅游

依托黄花村现存的50余处木屋全面开展村域乃至乡域内传统木屋的摸底调查，制定木屋保护方案，细化保护标准，特别是要对百年以上的木屋进行全面考察，并积极申报历史文物古迹。积极开展传统木屋的修缮和维护工作，抢救和保护传统木屋，维护原生态村居风貌，保留乡村景观特色。引入资本或直接鼓励支持房主自身对传统木屋进行必要的修缮，完善其功能，使之具备较为干净、完善的环境和设施。在此基础上，充分尊重农户意愿，积极探索村集体内部宅基地流转机制，实现闲置房屋的"二次开发"。由村集体成立合作社并将传统木屋委托给专业机构进行运行管理，按照村合作社的统一标准进行改造，打造特色民宿。特别是用好黄腊溶洞、红军桥等区域旅游资源，按照"旅游＋旅居"相结合的模式发展乡村旅游，盘活闲置资源，更好地发挥土地及其地上物的经济价值，让传统木屋在保护中开发，在利用中保护。

参考文献

1. 铜仁市万山区转型可持续发展大调研组:《大坪乡黄花村简报》, 2018。
2. 铜仁市万山区转型可持续发展大调研组:《大坪乡黄花村专刊》, 2018。
3. 张原天:《订单化种植在广西农业发展中的应用》, 2018。

腾飞的龙，跳跃的鱼，都是生命的象征。木屋上的图腾，是乡村古老的文化传承。

村里陈旧的房屋都已焕然一新，门前张贴的文字跃然纸上，是人们对美好生活的向往与期盼。

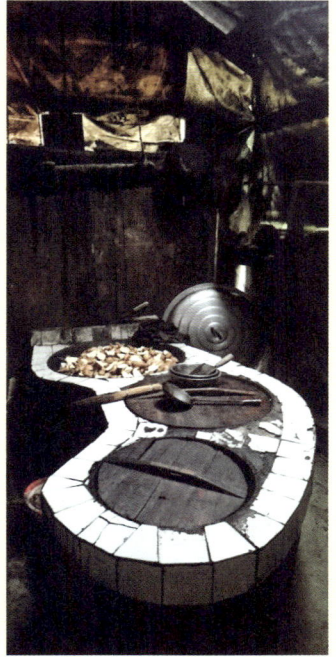

矮矮的灶台，高高的饭桌，只有这里，才能做出记忆中的味道，
那便是家乡的味道。

"三级联动"护航脱贫攻坚

——白果村调研报告

  2018年10月17~19日，铜仁市万山区转型可持续发展大调研第六小组黄晓洁、李超赴大坪乡白果村开展了为期3天的调研，对白果村在落实新发展理念、精准扶贫、精准脱贫的主要举措，取得的成效及面临的问题进行全面的调研。调研期间与包村领导副乡长滕飞、包村干部杨秀东、张珊珊、杨胜云，驻村干部任志勇，村支书柳超和村主任杨苟毛一起实地走访白果村3个片区18个村组，召开村"三委"会成员座谈1次，对驻村干部任志勇、村小学校长柳运久、包村领导副乡长滕飞等人进行了重点访谈，对柳运清、柳开红、柳运明、柳成保、吴国军、滕明德、柳运堂、杨春成、杨克发、杨水发等村民进行入户访谈并填写调查问卷。白果村作为传统的农业村，发展种植业区位条件基础好，但是产业基础薄弱。随着基础设施的提升，实现了脱贫的白果村如何利用好富民政策实行产业富村，是未来发展中迫切要解决的问题。

一、基本概况和历史沿革

白果村位于大坪乡西南，东邻铜锣，西抵地慢，北邻大冲，与岑巩县相接。距乡政府11公里，总面积12.6平方千米，其中耕地面积1807亩，农业发展以传统的水稻、玉米和红苕种植为主。全村村民主要是土家族、侗族和苗族，全村下辖18个村民小组。2017年底，全村农业户籍人口为858户2760人，村里年轻人多数外出打工，老人、孩子留守村庄。村集体产业主要有大棚蔬菜和油茶，2017年村集体产业收入7.5万元。全村收入来源主要靠外出务工。现有建档立卡贫困户182户605人，其中，未脱贫户3户12人，脱贫户179户593人，贫困发生率由2014年建档立卡之初的23.57%下降到2017年的0.43%。

全村有10个党小组，党员58名，其中65岁以上党员30人，20~30岁党员无。村支书柳超，副主任杨政敏，村主任杨苟毛，村监督委员柳红元。

据村支书柳超介绍，白果村村民大多数在清康乾年间从江西迁徙于此，柳姓是白果村大姓，占2/3左右，其他姓氏为杨姓、滕姓、吴姓等。1984年机构改革，建立白果村民委员会，隶属羊寨人民政府，1992年7月并入大坪乡。大部分村组位于延绵的武陵山脉脚下，沿道路建设，小部分村落在坡地上。耕地错落分布房前屋后，村民种植花生、玉米、红薯等作物，多养殖鸡、鸭、牛、羊、猪等，院坝多种植果树，一派黔东山区人家风光。白果村主体建筑风貌体现了乡村民居"小青瓦、坡屋顶、转角楼、雕花窗、青砖墙、花垂柱"六大核心要素，村里老民居有典型的吊脚楼风格，木质结构，冬暖夏凉，上下两层。上层通风、干燥、防潮，是居室，下层用来关牲口或堆放杂物。其中矮

2018年10月19日，调研六组走访村党支部书记柳超。

龙组杨政桃户保存得较为完整，是最古老的吊脚楼，有两百多年的历史，整个寨子的杨姓家族发源于此。目前房屋仍可居住，房梁、窗格有雕花等设计，古朴美观，具有一定的艺术价值。

山地植被良好，秋季多野生菌子可采摘，山林多野猪、野鸡等。水源丰富，水质优良，可直接饮用，大多数村民直接引山泉水使用。全村农林资源丰富，是发展生态种植、养殖的重要基础。白果村村民勤劳朴实，很多60多岁的老人依然参与田间耕作，就像精准扶贫户61岁的杨克发跟我们说："养了一头母猪，生的小猪仔每年能卖两回，养了一些鸡鸭、一头牛，种了一些红薯、花生，每天从早上忙到晚上天黑，有点儿累，但是在农村要是不干活，做懒汉会被人笑话的。"

二、基础条件和优势特色

全村有集中式安全人饮供水点9个，覆盖全村18个村民组所有农户，自来水实现户户通。全村所有农户均已接入国家农电网，享受全国同网同价电力资源，农电网已实现全面改造。全村水泥路硬化率100%，连户路硬化率100%。全村实现移动4G网络和广电网络全覆盖。实现100%安全住房，按户配备灶和卫生厕所，"五改一化一维"工作全面完成，实现所有主要居住房屋室内硬化。全村拥有文化综合广场1个，拥有村级活动室1个。每个村组建垃圾池1个，定期有专人负责垃圾清理。有白果村完小1所，教师9名，学生154人；幼儿园1所，学生70人，教职工2人；村卫生所2个，村医2人。

白果村产业以农业种植和牲畜养殖为主。农民主要收入来源为种植业、养殖业、建筑业和外出务工，村集体经济现在主要是种植大棚蔬菜，按照计划年底种植经果林，目前没有村集体养殖业。

三、创新实践及发展模式

（一）区级、乡级、村级三级联动推动扶贫攻坚工作开展

万山区人民医院与白果村结成扶贫对接单位，派副院长刘萍为白果村驻村帮扶领导，派青年骨干党员任志勇为驻村干部，长期驻村工作，帮助村委开展党建工作、推动村经济发展、帮助改善民生、维护社会和谐稳定，加强基层组织建设。任志勇说："驻村期间几乎要参与全村所有的事务，帮助村委换届选举，一起摸查全村各户人家情况，共同开展各项工作。经常没事儿就在各村组间走走，跟村

民聊聊天，现在跟很多人像亲戚一样的关系。很多时候还会自掏腰包解决农户困难，有的老人有了困难第一时间就打电话找我帮忙。"并且万山区人民医院为白果村提供扶贫资金5万元，用来帮助白果村发展产业。

大坪乡副乡长腾飞为白果村包村领导，科员杨秀东、张珊珊为包村干部，长期帮白果村委领导班子处理推进村建设各个方面的工作，尤其在脱贫攻坚期间与村驻村干部、村支"两委"同吃同住，走访村民家庭，尤其是精准扶贫户，讲解国家扶贫政策，到每个村民组召开院坝会，倾听村民的心声。驻村干部杨秀东跟我们说："有的时候我们开完院坝会都得晚上十一二点，还得回乡里继续开会，第二天还有其他工作。""90后"的张珊珊跟我们说："今年夏天给村里送物资，雨天路滑，结果杨秀东的车从七八米高的坡上翻下，车当时就报废了，杨秀东也腰部受伤，住院2个月才出院，出院后又赶紧开始工作。"任志勇说："很多驻村干部为了驻村帮扶，真的是舍小家，家里父母生病没法儿照顾，孩子上学没法照顾，有的夫妻二人都在农村驻村，只好把孩子从城里的小学转到农村上学等这样的事迹很多。"脱贫攻坚期间，各级干部紧密配合，团结合作，积极解决村民的困难，帮助村民脱贫，走向富裕。

在区级、乡级、村级三级干部的共同努力下，大坪乡白果村182户精准扶贫户（除3户因主要劳动力重病未脱贫外）基本上都实现脱贫，最重要的是和谐了干群关系，村民对政府干部的满意率达到了98%。用大坪乡副乡长腾飞的话说：干部们用自己的辛苦指数，换了群众的满意指数。

（二）探索产业富村发展路径

白果村是传统的农业种植村，共有耕地1807亩，分布相对集中。村中有地慢河流过，水源丰富，土壤肥沃，具备大面积发展种植业的基础。根据脱贫攻坚政策，2017年白果村在扶贫资金支持下，投资188万元建立蔬菜大棚，由科技副乡长担任技术指导，主要由贫困户参与日常种植和采摘。蔬菜大棚种植黄瓜、豇豆、西芹、辣椒等作物，销往铜仁市商超、蔬菜批发市场等。2017年销售额7.6万元。2018年根据乡里的统筹，通过对四川经果林的实地考察，在村里规划200亩山林种植经果林，由乡政府出资购买树苗，被占地农民自负盈亏，贫困户参与分红。村主任杨苟毛表示："我们之前有去参观四川的经果林种植园，销路很好，我相信我们好好干，肯定能带领村民致富。"未来白果村发展方向以种植、养殖为主，白果树、中寨、老屋、乐元、吴家、竹林、

2018年10月18日，调研六组与包村干部和村干部实地调研大棚种植情况。

路边、穆家等组以养殖业为主，包括林下鸡、清水鱼、山羊等，积水塘、矮龙、龙家、中坝、腾家等村民组以油菜种植和大棚蔬菜为主。

四、突出问题及原因分析

(一) 村干部思想保守，创新意识不强，党员结构不合理，党建作用没有真正发挥

农村基层组织是政府方针政策的执行者，在乡村振兴战略中有着不可替代的重要作用，担负着农村地区经济发展和社会进步的重任。但是部分村干部自身素质不高，思想观念保守陈旧，政策理论水平不高，缺乏致富帮带能力，没有一技之能。现在农村基层党组织队伍建设后继缺人，村级后备干部人选几乎为零，后备人才数量少、培养难。村民委员会实际上并没有很好地发挥自治作用，更多的是承担上级党委政府的行政事务。

村支书柳超说："当了近20年的村干部，也没有发展其他家庭副业，也不会其他技能，只能靠发的工资养家，确实困难。"白果村村支书和村主任平均年龄40多岁，村委成员年龄也偏大，思想偏保守，眼界不够开阔，发展村集体产业有畏惧心态，畏难情绪。同时觉得上级政府的资金关注度不够，有"等靠要"心态。党员队伍结构不合理。"全村58名党员，30多人年龄在65岁以上，年轻人入党不积极，想入党的人素质不行，所以基层党建活动开展困难很大，"驻村第一书记任志勇说。党员年龄偏高、文化素质偏低、女党员偏少、农村青年入党的积极性不高，发展优秀党员成了难题。农村基层党建形式化。虽然能够按照上级党组织的要求开展工作，能定期组织学习党的方针政策，但是对

学习内容理解不够，甚至出现偏差，不能把党建和农村发展致富合起来，党建和发展经济两张皮。

（二）扶贫项目建成后效益低下或损失浪费等问题依然存在

产业脱贫是扶贫工作的重要举措，政府也投入了大量了人力物力在农村培育产业，很多落后地区农村产业实现了从无到有。但是在资金注入后，对于产业运营情况、产业发展要求以及投入后收益情况缺乏有效的监管，很多产业投入后产出很小，收益甚微，缺乏后续监管，往往缺乏发展动力，造成资金浪费。在扶贫资金管理上，一些主管部门职能职责交叉重叠、缺乏统一规划、条块管理、"资"出多门、有限的扶贫资金导致扶贫重点不突出、"撒芝麻盐"、监管不到位、难以形成扶贫资金集中使用合力等现象不同程度存在，造成资金筹集、管理、分配、使用较为分散，缺乏统筹安排，扶贫项目没有更好地发挥出应有的效益。比如白果村村集体经济主要是蔬菜大棚，但是由于技术、管理等原因，产出不高。投资188万元建设的蔬菜大棚2017年收入在7.5万元左右，除去人工费、苗种费用，基本属于亏损状态，盈利缺乏保障。这种情况下，保证扶贫产业能实现富民富村还需要更多的关注。

（三）农产品销路不畅

农村培育的产业大多数以种植业和养殖业为主，属于基础产业，由于受市场同质化的影响大，市场竞争的压力大。由于运输、保鲜等问题，农产品不适合长途运输，只能在铜仁市销售。白果村的大棚蔬菜销路主要靠村干部自己联系，"经常要自己雇车去城里卖菜，甚至要

2018年10月17日，调研六组在中寨组走访了解村民住房情况。

我们自己在菜市场摆摊卖菜，卖菜的钱除去车马费，基本不剩下啥了"，村支书柳超跟我们说。而且由于村里大棚产量少，也无法长期供应城里的大型连锁超市，提高产量、打开销路是迫切要解决的问题。

五、对策与建议

（一）优化村干部队伍建设

加强村支"两委"干部的素质，要吃透理解国家各项政策尤其是农村发展政策，要让村民听得懂、用得好。扩大年轻党员队伍，将有想法、有能力的人吸纳进党的队伍，优化党组织结构，充分发挥党建在农村经济、社会发展中的作用。加强村干部思想建设，一定不要"等靠要"，要努力挖掘自己发展的特色，自力更生打造白果村特色产业。

(二) 提高扶贫资金使用效益

对于扶贫资金上一级部门要加大监管力度。对于扶贫资金的投入要充分考核，同时资金投入也要避免过度同质化竞争，导致投的产业竞争压力过大。资金投入产业培育后，要做好技术支持、管理帮扶，防止因为技术管理等问题，影响扶贫产业在带动农村经济发展中的作用。扶贫资金投入要明确产业培育成功与否的认定标准，包括条件、时间等内容，对于产业培育要实行领导干部责任制，认真落实齐抓共纠制度，避免盲目申请带来资源浪费。对于资金闲置、效益低下和损失浪费等行为，严肃追究相关部门、单位和个人责任，切实把扶贫资金用到实处、用得其所。

(三) 拓宽销售渠道

一是加强技术和管理，增加产品附加值。减少因为技术管理问题造成的减产等损失。提高亩产和产品质量，以优质产品打开市场销路。通过品质、包装、宣传等手段增加产品的附加值，提高产品价格。二是多管齐下拓宽销售渠道。探索线上线下销售渠道，多方式推进销售量增长。与邻近村的大棚生产协同合作，共同提高产量，适应城市商超需求，签订长期合作协议。三是调动村民积极性，充分参与村产业。如经果林种植，通过试点小规模的示范带头作用，吸引其他农民参与种植。鼓励村民发展养殖业、种植业等产业，提高收入，带动村就业。

1. 大坪乡白果村：《铜仁市万山区大坪乡白果村改善农村人居环境村庄规划（2017—2030）》，2017。

2. 陈燕：《乡村振兴战略视域下对农村基层组织现状的调查与思考》，2018。

　　青山绿水，山环水绕，空气清新，民风淳朴。到这里来品山泉，静心灵，忆乡愁，甘甜的自然环境和富足的人民生活，是现代人们品味乡村气息的最佳场所。

雨过天晴，余雾缭绕，阳光明媚，山里的蘑菇争相蹦出土地，连鸡群都热闹了起来。

烟雨时节，最惬意的便是踏上回家的路，回家去看望我的老妈妈。

做优做特集体经济
做实做强美丽乡村

——地慢村调研报告

2018年10月20~21日，铜仁市万山区转型可持续发展大调研第六小组成员黄晓洁、李超赴大坪乡地慢村开展了为期两天的调研，重点了解地慢村在落实新发展理念、精准扶贫、精准脱贫等方面的主要举措、发展取得的成效及面临的问题。

20日上午，调研组在地慢村委会召开了村支监"三委"成员和群众代表座谈会。下午，调研组与大坪乡农业服务中心主任地慢包村领导冯运纯、驻村第一书记熊先文、村支书廖军华和村主任杨江平等领导一同走访了地慢各村民组，并对水塘组卫美凤，杨家组杨油发、杨金保，竹山组舒见民、舒秀成和舒高科，坝慢组廖朱周、杨满妹、廖祖军和廖丹娜等人开展入户访谈并填写调查问卷。21日，调研组重点对驻村第一书记熊先文、村主任杨江平、致富带头人杨通权等三人进行了访谈。地慢村曾是一类贫困村，2018年通过国务院专项评估考察，实现脱贫。地慢村生态环境优良，村产业主要集中在种植业和养殖业，但是产业基础依然薄弱，交通运输成本较高，未来发展要畅通与周边区县的交通联系，优化产业结构，实现绿色发展。

一、基本概况与历史沿革

地慢村位于大坪乡西南部，地理中心位置位于东经108°87′，北纬27°50′，海拔380~670米，东与白果村和大冲村相邻，南同岑巩县羊桥乡相接，西与江口县接壤。距大坪乡政府17公里，距万山区县城67公里。

地慢村的隶属关系几经变革。1953年，属羊寨乡；1957年，由于羊寨乡并入大坪乡，地慢村隶属大坪乡。1992年，撤销大坪侗族乡、羊寨侗族土家族乡和兴旺场（1980年新场改名兴旺场）侗族苗族乡，组建大坪侗族土家族苗族乡，由原县级铜仁市管辖。2011年11月，国务院批准撤销铜仁地区设立地级铜仁市，设碧江区（原县级铜仁市）和万山区（原万山特区），大坪乡的行政区域便划归万山区管辖，地慢也一同划归万山区。地慢村现辖地慢、坝慢、麻栗、腊树坪、崇上、杨家、六家沟、沙坪、竹山、水塘、大房家等11个村民组，总面积10.95平方公里。村民以侗族、土家族和苗族为主，廖姓、杨姓和舒姓占绝大多数。

全村村民共704户2298人。全村建档立卡贫困户201户701人。地慢村曾是一类贫困村，2018年7月，通过了国务院扶贫开发领导小组委托第三方评估机构的专项评估检查。2018年10月，已脱贫194户678人。（其中，2014年脱贫14户67人，2015年脱贫16户79人，2016年脱贫69户275人，2017年脱贫95户257人。）截至2018年10月，未脱贫23人，贫困发生率为1%。

地慢村民主要经济来源是外出务工，全村外出务工人员近800人。村里老年人口较多，60岁以上共有385人，90岁以上有4人，五保户有9人。村里建有文化广场1个、医疗诊所2所。

地慢村支监"三委"配置齐整，领导班子较为年轻，大多是村里的致富带头人。有党员59名（含2名村预备党员、6名区下派干部、1名区派驻村干部）。村党支部领导3人，书记廖军华，副书记廖春菊，委员杨友权。村委领导4人，村委会主任杨江平，副主任杨辉，委员廖云和，计生专干杨政江。村监察委3人，主任杨建昌，委员舒秀林和廖建国。地慢村在区层面由万山区科技服务中心定点帮扶。

近年来，在第一书记和帮扶干部的指导与帮助下，经过村支监"三委"的共同努力，地慢村各项工作逐渐走向正轨。村集体经济得到一定发展，30余亩蔬菜大棚已经开始运营，经果林规划也正稳步推进。

2018年10月20日，调研六组在村委会召开调研座谈会。

地慢村拟定了《地慢村村规民约》，内容涉及社会治安、消防安全、村风民俗、邻里关系、婚姻家庭、环境卫生等六大模块，共30条，基层治理水平和治理能力得到提高。据万山区科技服务中心主任万芝凤介绍，脱贫攻坚以来，村里干群关系越加密切，村民不仅提高了生活热情，还提高了自己多方面的思想认识，对干部也多了许多理解与支持，农村干群关系越来越像是一种亲戚关系。

地慢村文化资源较为丰富，但还有待开发。据村民杨通权介绍，地慢村的"社文化"有深厚的基础。"社文化"，即"赶社节"，是当地侗族、苗族等少数民族的传统文化。赶社节每年一次，具体赶社的日子是立春的第五个戊日。赶社节起源于一个传奇故事。古时候，一名年轻漂亮的妇女，在为丈夫送饭途中因施救一名男青年而被丈夫误会，就选择以死证明清白。若干年后，被救的男青年做了宰相，为纪念妇女救命之恩，将妇女救他之日（立春后第五个戊日）定为赶社节，赶社节便流传至今。

二、基础条件与优势特色

脱贫攻坚以来，地慢村基础设施得到显著改善，为村里发展提供了较为坚实的基础条件。一是完成了公路组组通建设。2017年，全村建设通组公路2条，通大自然村寨道路1条，完成麻栗至羊桥乡下尧通大自然村寨道路建设1.3公里，完成坝慢至黄腊5.6公里、地慢至民和2.9公里组组通公路建设，实施麻栗组0.2公里、坝慢组0.7公里、地慢组1.0公里、崇上组1.2公里消防通道建设。二是完成了人饮提升改造工程。目前，全村11个村民组已全部安装使用自来水。三是完成了农村危房改造工程。2014年至2018年，全村实施农村危房改造共168户，惠及662人，为改善人居环境打下了基础。四是稳步推进易地扶贫搬迁工作。2016年实施易地扶贫搬迁5户15人，2017年实施易地扶贫搬迁24户93人。五是实施了环境美化亮化工程。稳步开展人居环境治理，实施亮化、绿化、垃圾处理项目，完成投资15万元路灯安装项目采购工作，并已全部安装完毕开始投入使用。[①] 目前，全村实现了移动、电信、联通4G信号全覆盖与广电网络户户通。基础设施的改善显著提高了农民的获得感与幸福感。走访过程中，每家每户对"五改一化一维"工程都赞许不止。"小时候去上学都是走泥巴路，经常会摔跤，现在即使是下雨天，走到哪里双脚都不会沾半点泥巴，真的方便多了。"谈到村里的变化，16岁的小姑娘廖丹娜如是说。

地慢村有山有水，生态环境优良，"念好山字经，做好水文章"的发展思路在地慢尤为突出。地慢山川秀丽，山体不高，坡度又相对平缓，加之前些年实施的退耕还林工程，目前地慢山川植被葱郁。地慢河主体在地慢村，水量丰富，水质优良。依托地慢河修建的牟黄水电站，为村里提供了大部分的生活用电。地慢河远离污染源，河里野生蟹、鱼、虾较多。据村主任杨江平介绍，地慢河坝偶尔还会看见国家二级保护动物娃娃鱼的踪迹。

三、创新实践与发展模式

乡村振兴，产业兴旺是重点。近年来，地慢村把工作重心聚焦在

---

① 大坪乡地慢村：《大坪乡地慢村工作情况汇报》，2018。

产业发展上，以"党组织＋集体经济＋贫困户"的工作思路，全力推动全村产业发展。

（一）以集体经济为示范，激发村民发展动力

地慢村强调发挥村集体经济的示范效应，先在村集体建立产业样本，让群众真实地享受到发展的成果。在村"三委"的领导下，村里组建成立了铜仁市万山区地慢蔬果种植专业合作社，按照乡党委提出的"一镇一村两园四基地"产业布局，2018~2020年新建50亩，分三大功能区域，其中大棚种植区30亩、生态养殖垂钓区10亩、露天种植区10亩。以"九丰农业＋"发展模式为技术保障，以"上海华联＋基地"为销售保障，预计年销售额10万元以上。

另外，村里正规划发展蜂糖李产业，前期先建设400亩以上规模的蜂糖李基地。计划通过这样小规模的模范带动，让村民切实感受到产业转型所产生的经济效益与社会效益，以提升村民的获得感与幸福感来激发村民的内生发展动力。谈到蜂糖李规划，村支书廖军华说："本来村里面计划发展1万亩，为什么现在只种400亩呢？种400亩就是（以村集体的形式）先种出来，让群众见了产值效益，然后由村民自发地来做，不能什么都村委包干，那肯定不行。真正做好了，可能1万亩都不止。"

（二）以技术学习为抓手，鼓励农户自主发展

在推动农业产业化发展的过程中，地慢村非常注重技术培训学习。村里聘请蔬菜技术专家常年驻点开展技术服务，年内至少组织开展2期蔬菜实用栽培技术培训，通过技术培训使得农户熟悉掌握合理种植密

2018年10月20日，调研六组走访水塘组老党员卫美凤。

度、肥水管理、枝梢管理、花果管理、病虫害防治知识，培育本土农民菜技员和生产一线能手。

通过系统的技术学习，村民能够切实根据自身特点和技术特长发展自己的产业，还可以获得贷款、种苗补助、综合奖补等方面的扶持。尤其鼓励村民组建新型农业经营主体，带动精准扶贫户自我发展；同时，对吸纳贫困人员或非贫困户就业的企业还会按照吸纳人数给予一定的就业补助。

通过前期的宣传，村里不少人逐渐摆脱了土地依赖思想，逐步开始了产业致富的探索。据第一书记熊先文介绍，当前村里面以家庭为单位或自主集队经营的养殖户，至少有7~8户。发展产业比种地收入高，村民在享受发展红利的同时增强了自己艰苦奋斗的决心。

（三）以致富带头人为依托，打通农产品销售渠道

地慢村成立了春晖社，帮助村民发展产业、销售产品以及解决相关事项。春晖社由返乡创业大学生杨通权担任负责人，还有其他的致富带头人参与。春晖社依托成员的人脉与渠道，为村里蔬果搭建了销售渠道。据杨通权介绍，他在地慢村成立了一家农耕文化产业公司，主要经营种植、养殖等相关产品，包括农作物、农特产品的加工包装，目前主要在做养生黑豆。公司配种后发动村民种植，然后进行统一收购、统一包装、统一营销，为村民增加收入。依托致富带头人所搭建的产品销售渠道，地慢集体经济产业以及个体产业没有了后顾之忧。据村主任杨江平介绍："目前村里只要有产品，销路都不是问题。"

四、问题与难点

地慢村在发展探索中取得了一些显著的效益，但发展仍然存在一些亟须引起关注的问题，这些问题也成为制约地慢发展的难点所在。

（一）位置偏远，交通不畅，远离城镇

地理位置是阻碍地慢村发展的重要因素。虽然地慢村处于三县交界处，区位潜力价值高，但是目前只有一条通向万山新城区谢桥的乡镇公路，与其他两地还未实现大联通。地慢距离万山县城67公里，加之道路窄，转弯多，车程接近2小时。远离城镇，增加了地慢产品的运输成本，影响产品售价。同时，市场信息也比较封闭，增加了经营难度。

(二) 集体经济投入多，特色不足，风险高

一是前期建设投入多，但收益慢。由于缺乏产业基础，地慢产业发展一切从零开始。目前建成大棚30余亩，前期在生产管理房、排洪沟、机耕道、生产便道和水管网络等基础建设方面投入286万元。2017年毛收入10万余元，2018年截至10月，当年共计收入16万。地慢集体经济参与主体主要是村集体和贫困户，村集体负责管理，贫困户主要以精准贷入股，各自的积极性发挥还有所不足。按照目前进度，集体经济产业成本回收速度较慢，实现盈利至少需要十年以上。若除去农户土地流转费与贫困户分红经费，经营管理人员收益和村集体积累更难以保障。况且，大棚使用寿命难以坚持十年，后期维修时成本还会增加。

二是种植的农产品特色不足，缺乏核心竞争力。地慢村为了与附近各村实现产品集聚，方便销售，主要种植豇豆、黄瓜、西芹、大蒜等传统农产品。由于采用批量化出售，缺乏包装，产品的售价上不去。这严重影响地慢集体经济的整体效益，如果后期在经验管理上无法有实质性突破，存在亏本风险。

(三) 乡风文明建设有待加强

乡村的发展离不开良好乡风的引导与规范。当前，地慢乡风问题比较突出。一是不够重视乡风文明建设。据第一书记熊先文介绍，当前地慢村的文化建设许多只停留在表面层次，所谓的乡风民俗更多存在于材料和文件之中。村民正确的价值取向和良好行为习惯的培养往往被置于边缘位置。二是村民不良习惯缺乏监管。大多数村民平时到广东等地打工，由于自身受教育水平低、生活环境差，易染上不良行

2018年10月20日，调研六组在杨家组走访查看村民住房情况。

为习惯，比如赌博等行为在村里也有发生。

五、对策与建议

针对地慢村当前所呈现的问题，未来要实现更高质量的发展需要重点做好以下三个方面的工作。

（一）加强农产品质量建设，打造产业发展核心竞争力

产业兴旺要建立在产业品质与品牌之上。地慢村水资源丰富，土地无污染，农产品、肉产品和水产品属于生态绿色食品，营养价值高。但目前由于包装宣传不够，农产品单价不高。因此，在下一步发展中，要聚焦产品质量提升，不断增强产业的竞争力。

一方面要在农产品质量上下功夫。要树立农业从增产向提质转变的发展导向，加强对农产品开展质检工作，对标国家标准，从选种、育种、包装等各环节对产品质量进行严格把关，推出一批符合标准的绿色食品和有机食品等特色农产品。

另一方面要在产品宣传包装上下功夫。要整合地慢现有农产品，对蔬果、肉类、水产品等进行统一包装，以提升产品附加值。逐步摆脱传统批发式销售模式，依托地慢春晖社资源，不定期参加外地大型农产品推介会，逐步打响属于地慢的农产品品牌，以品牌创建提升地慢农产品的核心竞争力。

（二）鼓励要素投入，发展股权投资，引导民间资本参与集体经济

当前，集体经济主要依赖国家扶贫资金，发展具有非常强的不确定性。要改变当前集体经济收益慢的现状，必须抓住农村集体产权制度改革的契机，鼓励村民以土地、资金、劳动力、技术等要素开展股权投资，逐步建立集体经济村民共建共享机制。要利用好地方民间资本潜力，让更多有能力投资集体经济的人员参与进来，建立联系更为紧密的利益共同体，极大程度地激发各参与主体的积极性。

（三）以家风建设为抓手，开展文化结对帮扶，推动乡风文明建设制度化

乡村振兴，乡风文明是保障。家庭是社会的细胞，家庭和睦则社会安定，家庭幸福则社会祥和，家庭文明则社会文明。因此，家庭可以成为乡风治理的重要抓手。乡风文明建设不能走形式、搞运动，必

须实现制度化发展。乡风文明制度化包括制度化的领导体制、信息化的管理机制、社会化的共建机制。

在领导体制上，要效仿脱贫攻坚战略，组建文化帮扶工作队，以家庭为单位对乡风文明开展集队帮扶；要发挥村"三委"基层治理的主体作用，主动承担起乡风文明建设使命，明确各自职责。在管理机制上，要依托网络化设施，注重家风家教建设过程成果转化，及时公开家风家教建设成果，以达到相互激励与相互约束；要把过程参与作为重要的评价指标，以关键事件为评价点；要发挥村民自治功能，探索建立乡风文明奖惩机制。在共建机制上，要建立全体村民共建共享机制，保障全民共同参与，尤其是那些在外务工人士。要采取有针对性措施把村民的积极性、主动性调动起来，逐步形成乡风文明建设人人参与、人人负责、人人奉献、人人共享的局面。

参考文献

1. 熊先文：《一年驻村，一年情——大坪乡地慢村第一书记的驻村"暖心"之行》，2015。
2. 聂辰席：《乡风文明：农村经济社会发展的重要推力》，2009。

层层叠叠的木屋，藏在翠绿的林间，林间小道，背着孩子的母亲，正走在归家的路。

绣花枕头一针一线都是我们对幸福的向往，穿上你为我绣的鞋，每一步都是对你的思念。

门框上的"囍"字，已蒙上一层薄薄的灰。年少时的甜蜜，已在记忆中模糊，如今，只有围坐在火边，回忆过去时的相偎相依。

宗族"大家长" 乡村新治理

——铜锣村调研报告

2018年10月22~23日，铜仁市万山区转型可持续发展大调研第六小组黄晓洁、李超赴大坪乡铜锣村开展了为期2天的调研。调研期间，调研小组与铜锣村包村领导谢万新、村支书杨水华、副书记申贵发、村主任穆华兵等一起实地走访铜锣村7个村民组，召开村"三委"会成员座谈1次，重点对驻村干部陈智、原村小学校长杨政华、村医向丽萍、包村领导谢万新进行了重点访谈，对穆发才、李忠祥、申济峰、穆昌能、穆胜海、穆胜元、穆顺毛、柳金枝、杨政华、邓士祥、向丽萍等人进行入户访谈并填写调查问卷，并且实地走访村经果林种植区。调研组对铜锣村基础设施建设、脱贫攻坚、产业发展、环境治理、教育、党建等重点问题开展调研。铜锣村作为2016年底新划分的行政村，未来在产业布局、转型发展等方面有很大的空间，但人才短缺、资源受限、产业薄弱等问题也是阻碍其发展的重要因素，在未来发展中如何实现转型是铜锣村要面临的现实问题。

一、基本概况和历史沿革

铜锣村位于大坪乡西南部，东与大坪村相邻、南与龙门村相邻、西与白果村相接、北与大冲村接壤，距大坪乡政府所在地约7.3公里，距中心城区约49公里，总面积9.78平方公里。

据铜锣村小学原校长杨政华介绍，铜锣村原叫五马破槽，因为全村被五条山脉环抱，五条山脉像五匹骏马，中间是一个长腰形盆地，就像一个马槽，五匹骏马正向马槽吃食，所以叫五马破槽。元末明初改朝换代时，社会不稳定，出现一些草寇、绿林好汉，抢夺民财。为了防御土匪侵扰，由村内穆姓旺族牵头，修碉堡设哨卡，成立护寨队，以铜锣为信号，各个哨卡执着一面铜锣，寨老执着一面铜锣，如有土匪入侵，哨卡鸣锣，以铜锣声传递信号，寨老闻哨卡铜锣声，急鸣锣，组织联防队出击，消灭来侵者。以打铜锣为信号调集人马、鼓动人心，是一种原始方法，也是一种古老的信号文化，渐渐地铜锣代替了五马破槽，成了这个村的地名。几百年来，铜锣村村民在此繁衍生息，以姓氏宗族为维系形成多个自然村组，见证和推动铜锣村的发展。

新中国成立后，铜锣村成立铜锣村生产大队管理委员会，20世纪80年代以来，铜锣村隶属关系发生了三次变化。1984年4月，机构改革，撤销铜锣生产大队管理委员会，建立铜锣村民委员会，隶属大坪乡人民政府。2007年3月，撤并村，铜锣村民委员会撤销，划归大坪村。2016年撤并建，建立铜锣村村委会，隶属大坪乡人民政府。辖岩坎脚、平坡、六里冲、大院子、小院子、普牙田、岩门口7个村民组，铜锣村村委会驻地设在大院子村民组。全村常住人口共324户1528人，全村以侗族、土家族人口居多。村里年轻人多数外出打工，老人、孩子留

2018年10月22日，调研六组在村委会召开村干部座谈会。

守村庄，其中60岁以上老人有185人。现有精准扶贫户69户，贫困人口198人，2018年只有1户未脱贫，其他户均已脱贫。铜锣村有低保户52户70人、五保户5户5人、异地搬迁户5户19人。全村有党员29名，其中60以上党员约10人，20~30岁党员4人。铜锣村村委会成员：村支书杨水华（原大坪村村委会主任，2017年任铜锣村支部书记至今）、副书记申贵发（2017年任职至今）、村主任穆华兵（2017年任职至今）。全村有耕地276.21公倾、荒地13.16公顷、林地315.43公顷。铜锣村产业以农业种植和牲畜养殖为主。农民收入主要来源于种植业、养殖业和外出务工，2017年，农民年人均纯收入为3800元。

二、基础条件和优势特色

2017年以来，随着脱贫攻坚工程的进一步推进，铜锣村7个村民组

1455人已经用上了自来水。有移动、电信、联通铁塔3座，确保全村网络全覆盖。2018年，铜锣村利用区级示范村项目及万山区大坪乡环境整治基础设施建设项目资金，新修断头公路2.6公里，新修连户路0.4公里，新修生产便道1.3公里，种植产业园区绿化、照明、防护、监控、道路硬化等配套设施都已建设完成。2018年铜锣村在脱贫攻坚期间，全面推进基础设施建设，利用全村农电网改造工程，确保全村群众用电安全；利用危房改造项目，全面改造危房面貌，确保人居无安全隐患；利用易地扶贫搬迁政策，实现易地搬迁脱贫；抓好高山养殖专业合作社，全面带动精准扶贫户发展产业脱贫。通过脱贫攻坚，铜锣村基础设施水平得到大幅度的提高，村容村貌更加美丽，村民收入得到一定提升。

三、创新实践及发展模式

宗族是以血缘关系传承的团体，在中国历史上存在了几千年，经过上千年的发展演变，逐步形成了严密的组织形态、完整的组织规定、优秀的组织文化，它所能形成的强大向心力和凝聚力是别的组织形态所难以比拟的。在农村，宗族关系是维系村组（寨子）内人与人秩序稳定的重要因素，形成了村民间长幼有序、互尊互助、团结齐心、共商共量的村落文化，也是村落治理中的重要内容。宗族观念中基于血缘认同形成的关系网，是村落治理中不可忽视的内容。血缘认同心理不仅是在生产劳作时同一宗族的互帮互助，也会形成乡村生活中无法忽视的关系网。这张关系网包罗万象，小到个人生活中的人际交往、婚丧嫁娶，大到政治经济生活中的干部选举、法律政策实施，都脱离不开这张关系网络。宗族观念的寻根祭祖思想影响成为推动村落治理发展的重要动力。许多从农村走出去的人事业取得一定成功后，会回家乡寻根，如重修宗族族谱、参与家乡建设投资，希望在宗族中留下自己浓墨重彩的痕迹，这有助于稳固宗族成员的关系，提升宗族的凝聚力，这些归乡的乡村精英也是推动乡村振兴的重要力量。宗族势力可以对村民自治形成有效补充。在农村治理过程中，对于调解村民纠纷，推动治理政策实施等过程中需要发挥宗族"大家长"的作用，他们往往更容易让村民信服，从而共同推进乡村治理。在乡镇级政府的支持和帮助下，村委会和村里的宗族旺姓相结合能够完成许多村委会无法单独完成的公共事务和公益事业（如修缮水渠、道路、河堤等）。正确把握和发挥宗族关系在农村治理中的作用，对于乡村发展意义重大。

铜锣村村民组以自然形成的寨子为主，多数是同姓氏聚居在一处，共同选出德高望重的族长，管理族内事务，如调节族内村民关系，组织共同修家谱、修建祖祠等活动。申氏家族族长申济泽介绍说："这个村子中申氏的老祖宗从湖南迁徙来此，申家的宗祠在湖南，每当有类似修族谱这样的大事，大家会去湖南共同商量。最近的一次大规模修订是在1992年，现在来看，申氏家谱目前有十多本了。"驻村第一书记陈智介绍说："扶贫攻坚期间很多工作能顺利完成确实依托寨子里族长的协助和动员。比如村干部换届选举、易地搬迁、入户了解情况等工作由于族长的参与协助，推进得更加顺利。"铜锣村村委会将村子的治理与宗族关系结合起来。一是共同推进村民自治。通过族长的带动，让村民更积极主动地参与村委选举，把族长的推荐人作为村干部候选人参考。各个寨子发挥族长的作用，在卫生环境、乡风治理、村规民约、邻里关系等方面起到调节和引领的作用，一定程度上有助于构建良好的乡村秩序，便利了村民自治的施行。二是加强对宗族核心人物（乡村精英）的培养和领导。积极响应万山区"雁归计划"的号召，维护好返乡创业人员的热情，做好政策引领、技能培训、组织关怀。对于一些成功人士，动员其参与铜锣村产业发展，同时依托这些人员发展观念先进、销售门路广泛、对市场变化灵敏度高等特点带动铜锣村产业发展。这些致富带头人让村民看到发展的希望，鼓励村民创业，通过村里相关产业的发展也带动村民就业，从而吸引更多人员返乡工作。三是发挥宗族关系在农村公益事业发展中的作用。以各个小组或者宗族家庭为单位动员村民参与农村公益事业发展，如2018年脱贫攻坚期间，"五改一化一维"工程的推进得益于村里致富带头人的垫资，解决了资金的燃眉之急。对于村小学的发展，乡村精英出于回报社会或者提高宗族地位的考虑，给予贫困户学生物质上的支持，发挥扶危济困的作用。通过对村子里各望族大姓核心人物的引领、培养，动员最广泛的村民参与村落治理，取得了重要的成果。

四、突出问题及原因分析

铜锣村目前较具规模的产业主要是种植业（如经果林种植）和在扶贫攻坚期间发展的养殖业（如林下鸡养殖），两者取得了一定的经济效益，但是铜锣村产业发展困境依然存在。一是区位优势不明显，山地多，耕地分散不集中，灌溉水源不足等客观原因导致大规模发展种植业条件受限，农产品同质化现象严重，没有做到因地制宜，缺乏一定的独特性和创新性。二是农业经济规模化程度不高。村里多数青壮

2018年10月22日，调研六组摄影师正拍摄铜锣村红枣基地。

年外出务工导致劳动力不足，农业技术水平落后、农业基础设施薄弱、政策制定不配套、产品质量滞后等问题导致产业发展动力不足。三是产业经营模式分散。铜锣村的农业经营模式主要体现在家族化，表现为经营规模小、技术落后、经济模式单一等。具体来看，发展的突出问题主要表现在三个方面。

（一）脱贫攻坚以来，享受到了扶贫政策的红利，但是未来如何实现全村的可持续发展需要重点关注

脱贫攻坚期间，政府的扶贫政策为农村发展提供了重要的支撑，比如在基础设施、房屋改造、产业培育发展等方面实施了一批有利政策和资金支持，但是贫困地区的内生性自我发展能力并未真正增强，脱贫效果难以巩固。同时，非贫困村与贫困村发展存在不平衡的问题，

由于资金、政策、人员等投入支持的差异，贫困村的发展往往后发赶超，非贫困村受发展的经验不够、关注度不够、思想保守等因素影响，后续发展动力不足，后续如何实现可持续发展是需要重点关注的问题。

铜锣村作为非贫困村，根据扶贫开发政策，通过扶贫资金建立林下鸡养殖场，建立了村集体经济，取得了一定的经济效益。但是产业规模不大、效益不高、管理技术不成熟，尤其是后续资金投入不到位，产业后续发展动力不足。虽然未来计划依靠黄腊洞景区发展民俗旅游等产业，但是产业同质化竞争严重、资金不到位、村落发展缺乏科学规划，发展前景不明朗。尤其是与贫困村相比，在政策、人才、关注度等方面存在差距，很可能发展落后于原来的贫困村。如何把现有的产业做大做强，实现可持续发展是需要重点关注的问题。

（二）目前产业发展主要聚集在种植业和养殖业，未来发展研判不准，定位不清

培育产业是农村扶贫的重要措施，通过产业振兴农村经济是实现脱贫致富的必经之路。但是现在农村发展以种植业、养殖业为主，这些属于基础产业，处于产业链的低端，在市场交易中由于农户分散和相互竞争而处于弱势地位，市场风险较大。而且，贫困地区农村自然、社会条件相近，扶贫开发所能选择的产业十分有限，这不可避免地带来区域内产业结构的同质化。村产业发展主要依靠乡级政府的指导，从自身长远的发展来看，缺乏规划性和主动性。

交通等基础设施的完善、国家政策的扶持，为铜锣村产业发展带来了一定的便利，目前主要集中在养殖业、种植业。但是铜锣村

水源不足，一定程度上制约了种养殖产业的发展。而且产业发展规模小，与周边村庄产业类型相似，市场竞争压力大，销路并不乐观。铜锣村距离正在开发的黄腊洞旅游景区比较近，希望未来能依托黄腊洞景区的发展促进本村产业发展，比如建设停车场，开发农家乐等。但是大坪乡大多数临近村都考虑依托黄腊洞景区发展，又会出现产业同质化问题，如何争取抢占发展先机是迫切需要解决的问题。而且，黄腊洞旅游景区的发展效益在效果上、时长上存在不确定性，铜锣村还要挖掘自身其他的发展优势，创新思路，寻找未来发展的新路径。

(三) 作为新的建制村，各项工作开展具有很大的发展空间，但是目前来看基层组织建设不到位

农村基层组织是党联系群众、连接社会的重要环节，是农村社会的核心、基础、桥梁、纽带，在乡村振兴战略中有着不可替代的重要作用，担负着农村地区经济发展和社会进步的重责。农村基层组织建设是提高农民组织化的必然要求，实现乡村振兴，需要强有力的基层组织，要能够充分调动农民的积极性，凝聚农民的力量，做到共建共享共治。

铜锣村2016年底从大坪村分出，建立行政村，村支"两委"班子健全，扶贫攻坚期间与区级、乡级干部共同推进全村各项工作，努力实现共建共治共享。但是班组成员年龄普遍偏大，文化素质不高，思想偏保守，政策理论水平不高，对于新的治理手段和方法掌握不够。村支"两委"对开展的工作没有及时梳理、记录、总结。党组织能按照上级要求展开工作，定期组织学习党组织的方针政策，但是没能把党建和农村发展致富融合起来，党建和发展经济两张皮。

2018年10月22日，调研六组在岩砍脚组查阅申氏宗谱。

五、对策与建议

随着扶贫攻坚的开展，铜锣村交通、水、电、网等基础设施不断完善，但是由于资源、产业基础、发展模式等方面的限制，铜锣村未来的发展要树立新理念，开辟新路径，寻找新抓手。随着黄腊洞旅游景区的开发，铜锣村村委会看到发展的新机遇，依托现有的区位优势，借力黄腊洞开发，发展旅游业、民俗文化等第三产业，实现全村发展转型。

（一）栽好梧桐树，引来金凤凰

坚持贯彻产业富村方针，进一步延伸产业链，发展具有地域特色的第三产业，挖掘自身潜力，制定铜锣村发展规划，一定要摆脱"等靠要"思想，自力更生，寻找发展机遇，发展乡村旅游业。随着黄腊洞景区的开发，铜锣村与黄腊洞将开通长900余米的隧道，利用与景区距离近的优势，规划建设旅游区停车场，发展农家乐等产业。村支书杨水华说："我们要让游客玩儿在黄腊洞、吃住在铜锣村。"通过旅游业发展进一步带动铜锣村农产品的销售，形成发展的产业链。要提前做好支撑黄腊洞发展的配套设施，科学规划，做好前瞻性工作，充分挖掘本村特色和优势，提高发展乡村旅游的竞争力和吸引力。

（二）人无我有，人有我优

避免村落发展的同质化恶性竞争，要有创新精神，寻找新的发展机遇，积极争取社会资源，引进社会资金，助力村落发展。在同类型产业中，做优做强，形成竞争力和引导力，成为区域发展的龙头企业。提高农产品的附加值，加强农业技术的投入，提高农产品的质量，通过示范带动作用，扩大种植规模，做好农产品宣传，打开农产品销路。将无污染、无公害的蔬菜和水果向铜仁市的大型商超推销，建立长期的供应关系，利用林下鸡的产品优势做好市场宣传，吸引市场关注。开发乡村民俗文化。铜锣村大姓望族大多保留了传统村落习俗（文化），如族谱、节日歌舞、长桌宴等，未来可以建设乡村博物馆，展示传统的宗族文化、传统农耕工具。同时也可以根据民俗开发体验项目，提供长桌宴、歌舞表演、吊脚楼老民居等体验，吸引游人，传播民俗文化。铜锣村未来发展要从产业、旅游、文化等多方面发力，鼓励务工人员回乡创业，招商引资，增强发展的动力。

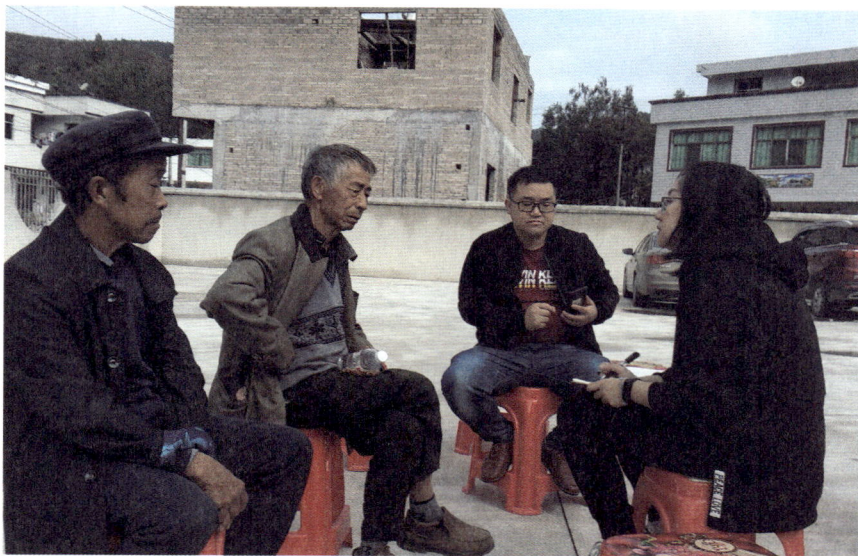

2018年10月23日，调研六组访谈铜锣小学退休教师杨政华和脱贫代表邓士祥。

（三）引智引才，抓好带头人建设

　　加强农村组织力建设。从村域以外引智引才，培育选拔党组织带头人时，可以尝试冲破本村、本乡限制，拓宽选人视线，探索公选、公开雇用等措施，在村域以外的更大范围内公开招聘人才。重视返乡精英的作用。鼓励支持回乡创业，在产业发展、乡村治理、基础设施建设、公益事业推进等方面鼓励其主动、积极参与，共同推进乡村振兴。

参考文献

1. 大坪乡铜锣村 :《铜仁市万山区大坪乡铜锣村改善农村人居环境村庄规划（2017—2030）》，2017。

2. 大坪乡铜锣村:《大坪乡铜锣村调查表》,2018。

3. 刘大勇,谷玉莹:《宗族观念对乡村振兴战略实施的影响及对策研究》,
   2018。

第四篇

下溪乡

这是一条通往城市的小路，满载而归的人眺望路的远方。老人的微笑、路旁的新房，与这条干净平坦的小路一样，充满着对未来的期望。

绿油油的叶子，是瓜果的勃勃生机。官田的村民正在学习如何种植大棚蔬菜。他们对知识和技术的渴望，比起这满园的绿色，更加生机盎然。

乡间人家，和谐宁静。家门口的野花风中摇曳，秋收的累累硕果挂满屋檐。"青箬笠，绿蓑衣，斜风细雨不须归。"仿佛看见鱼塘边，正有一人在悠然垂钓，被美景迷住，迟迟不肯回家。

制定"讲习菜单"
开展"点单式"讲习

——官田村调研报告

2018年10月17~19日，铜仁市万山区转型可持续发展大调研第十一小组陈甚男、沈旭东赴下溪乡官田村开展了为期3天的调研。通过召开座谈会、实地走访和走村串户一对一访谈的方式进行了全面的调研。调研期间，调研组共计访谈了5人，即驻村第一书记张程、致富带头人袁奎花、产业发展能人姚本富、脱贫户蒲正永和党员代表蒲光同。走访了官田组、柳木组、桥冲组、庄屋组、界上组等5个村民组，并对姚本富、袁奎花、蒲光柳、杨露英、杨梅香、蒲正永、蒲光同、姚祖胜、吴梅秀、蒲正平等村民进行入户调查。考察了官田村迎丰农业大棚蔬菜基地和铜仁市万山区奎花种养殖有限公司马蜂养殖基地。全程拍摄相关调研图片178张。

一、基本概况及历史沿革

（一）基本概况

官田村位于万山经济开发区东侧、下溪侗族乡东北面，距乡政府3公里，东接铜仁市瓦屋乡，南连瓦屋村，西接下溪乡兴隆村，北与铜仁市六龙乡接壤，全村面积11.5平方公里，耕地面积799.61亩，人均耕地面积0.46亩。境内耕地以坡耕地为主，水田主要分布在沿河两侧。全村辖官田组、桥冲组、油菜湾组、马头山组、庄屋组、柳木组、界上组、田坪组、黄木坪组9个村民组。村民以蒲姓为主，侗族居多，共计555户1725人，其中外出务工人员306人，60岁以上老人374人、90岁以上老人3人，"三无"（无劳动能力、无收入来源、无子女赡养）老人6户。[①]

（二）基层组织

2012年9月通过选举成立监委会，1984年12月选举产生第一届支委和村委，现有村支监"三委"共计8人，支委为蒲光超、杨长生、蒲光早3人，村委是杨长生（交叉任职）、袁奎花、姚祖登3人，监委是蒲光祥、滕召有、蒲光国3人。有4个党小组，党员33名，村干部4名。有驻村工作队1个，共6人，分别是杨超、张程、蒲金保、蒲光超、杨长生、彭超。

（三）历史沿革

1979年3月，下溪侗族乡划属万山特区，改称为下溪公社，此时的

---

① 下溪乡官田村：《官田村转型可持续发展情况汇报》，2018。

官田村便为下溪公社的东风大队，一直到1984年，才单独设立行政村，改名为官田村。2005年因当时的万山特区开展小村并大村的工作，于是将官田村与瓦田村合并为米贡山村。到2008年又因为制度改革，官田又独立设行政村，至今仍为官田村。官田村为何称为官田？相传当年村上有个大户人家曾在朝廷做官，为人乐善好施，后这家人举家搬迁至别处，为纪念这家人，遂将村名取为官田，昭示村里世世代代以其为榜样，鼓励营造乐于助人的良好社会风气。

二、基础条件和特色优势

（一）区位优势明显且交通便利

官田村地理位置优越，与碧江区只有一山之隔，距离万山老街10公里左右，距离铜大高速匝道口12公里左右，距离玉铜国道12公里。另外该村有两条连通外界的交通要道，一条为青龙村至瓦田村方向公路，路宽4~5米；另一条为官田村至兴隆村方向公路，路宽4~5米。全村实现组组通油路，连户路硬化率100%。[①] 交通的便利性为产业发展带来了机遇，目前，该村蔬菜、水果、生猪、鸡蛋等产品都能及时销往湖南及铜仁市各区县。

（二）农旅融合发展资源丰富

官田村森林覆盖率94%，境内有林业用地16336.35亩，其中林地

---

① 铜仁市城乡规划勘测设计研究院：《铜仁市万山区下溪乡官田村村庄规划（2018—2035）》，2018。

2018年10月18日，连玉明院长与官田村89岁村民姚祖家交流。

4000亩。植物种类丰富，林木资源分布层次分明，有产业林4000亩，分布在环山公路一带，加上清新的空气、清澈的水质，令人心旷神怡。

官田村有集中式安全人饮供水点10个，覆盖全村9个村民组所有农户；已完成农网改造，实现"农网城网，同价同网"；实现电信、移动、联通等网络通信全覆盖；实现100%安全住房，按户配备灶和卫生厕所，实现所有主要居住房屋室内外全硬化，全村拥有农民文化综合小广场7个、太阳能路灯88盏，村庄环境优美、生活便捷。此外，2017年8月在官田村的庄屋组，投入专项扶贫50万元建成了占地11亩的鱼塘。该鱼塘为天然水域，水深2.5米，四周护栏围绕，景色优美，适宜垂钓。天气较好的时候，鱼塘仅靠垂钓一天便能收入上千元。

三、创新发展和发展变化

(一)"点单式"讲习所提升群众自我发展能力

官田村设立了新时代农民讲习所。主要工作为讲思想、让群众干有方向,讲政策、让群众干有思路,讲法律、让群众干有规矩,讲技术、让群众干有本领,讲奉献、让群众干有榜样,讲感恩、让群众干有动力。按照"群众需要什么、讲习所就讲什么"的要求,制定"讲习菜单",开展"点单式"讲习。"我想了解大棚蔬菜种植方面的知识"、"我想了解葡萄酒的加工技术"、"我想了解更多农产品市场或销售方面的问题"——在官田,村民们通常会提出自己的需求,而村讲习所工作人员会对村民的"点单"进行记录,并整理归纳,添加到下一期的讲习所课程中去,通过邀请专家上课或者网上搜索相关视频让村民学习。此外,包村领导、第一书记利用讲习所、院坝会、板凳会,给群众进行了文明礼仪、社会公德、职业道德辅导、国家惠民政策宣讲。同时,利用讲习所在会上对文明家庭、诚信商户、好婆婆、好媳妇、最美脱贫户评选进行表彰,并通过网络、微信、QQ平台进行信息发布和广泛宣传。

(二)"大棚蔬菜+N"产业发展模式壮大村级集体经济

官田村人均耕地不足0.5亩,土地贫瘠、山多地少一度是制约该村经济发展、导致群众致富无门的重要因素,是典型的"空壳村"。面对致富路子窄、百姓收入低的现状,村支"两委"及驻村工作队因地制宜、积极探索、深入调研、先行先试,按照长短结合的思路,引导建档立卡贫困户发展短平快产业,摸清群众的发展需求,让专业人员到一线提供技术上门服务，为贫困群众开办专业的培训课堂，使该村具有劳动能力的建档立卡户全部参加了电工、驾驶员、挖掘机、种植养殖等方面的培训，部分建档立卡户已实现劳动力转移就业，短平快产业取得了一定成效。通过产业发展让贫困群众增收致富，2017年该村积极向上对接争取到产业发展资金370余万元，作为全村所有建档立卡户的利益联结资金投入村集体经济发展，每人持有1股5800元的股权，每年人均分红300元。全村现有产业如下：蔬菜大棚基地100亩，葵花特种生态养殖公司、生猪养殖小区年出栏生猪500头以上，林下养殖基地存栏林下鸡1万羽，除此以外还有黄牛养殖、生态养鱼、马蜂养殖等各类特色产业，形成了以蔬菜大棚为主导，其

2018年10月18日，连玉明院长一行考察官田村迎丰农业大棚基地。

他辅助产业多元化格局，创新性地提出了"大棚蔬菜+N"的产业发展模式。2017年该村村级集体经济积蓄3万余元，彻底甩掉了"空壳村"帽子。

四、突出问题与发展难点

（一）农村应用型人才短缺，经济社会发展有待突破

近年来，随着城镇化进程加快，外出务工、留守老人、留守妇女、留守儿童问题比较突出，从事乡村建设的专业人才比较缺乏，成为制约乡村振兴战略实施的一大因素。而从此次实地调研可以看到，这一

2018年10月18日，连玉明院长与官田村"农村贫困劳动全员培训班"学员交流。

问题在官田村表现得尤为明显，主要体现在以下几个方面。

一是人才短缺极大影响了农村产业发展与村民生活。在推动农村经济社会发展、实现乡村振兴过程中，最终还是要靠人，特别是各类有能力的应用型人才。然而长期以来，基层农业科技、医疗卫生、教育师范、法律人才短缺与大部分高校毕业生不愿意下基层的矛盾日益突出，影响了农村经济社会的发展。如官田村现有蔬菜大棚基地100亩、山地生态刺葡萄1000亩、生猪养殖500头以上、林下鸡1万羽，形成了以蔬菜大棚为主导，其他辅助产业多元化发展的格局。但在这一发展格局下，全村仅有一个蔬菜种植技术能人，全村产业发展难以实现技术能人全覆盖，制约了产业更深、更好发展。此外，在医疗卫生方面，官田村村医的医术有限，导致部分村民宁愿驱车近两小时前往铜仁市医院就医。

二是培训机制不畅，应用型人才学习平台有待优化。一直以来，农村应用型人才培训工作缺乏统一规划和管理，培训针对性不强。如在官田村各类应用型人才的培训中，村级或乡级并未对应用型人才培训制定整体的规划，培训工作无序，既有经部门组织的培训，又有企业、协会等组织的培训，存在多头培训、交叉培训的现象，造成了培训资源的浪费。另外，官田村产业发展技能培训主要聚焦在农业技术上，而对于农产品加工、销售等方面的培训欠缺，不能完全适应现今该村应用型人才培训的需要。

（二）农村精神疾病患者管控难，精神卫生服务亟待提升

受农村传统观念、经济条件和服务模式等因素影响，农村精神疾病患者往往难以得到有效救治和管理。

一是农村精神疾病患者管控面临多重困难。精神疾病患者发病有突发性和不可预见性，乡、村两级虽将其列入精神疾病管控人员进行监管，但往往只是提供信息，只能督促其亲属加强监管，督促村委会加强防范。乡、村两级缺乏心理健康工作者，卫生服务人员的专业培训工作尚未引起足够重视，农村精神疾病防护网尚未真正建立起来，农村精神障碍识别和转诊职责严重缺乏承担者。官田村驻村干部蒲金保在接受访谈时感慨道："村里有一个精神疾病患者家，我跑了30多次，他还是记不得我，但我还是要去，因为他没有人照顾，我不去看他就特别担心。"

二是服务模式多被动少主动。因精神卫生工作风险高、待遇低、受歧视等问题，农村精神卫生资源严重不足。精神卫生服务基本以"坐

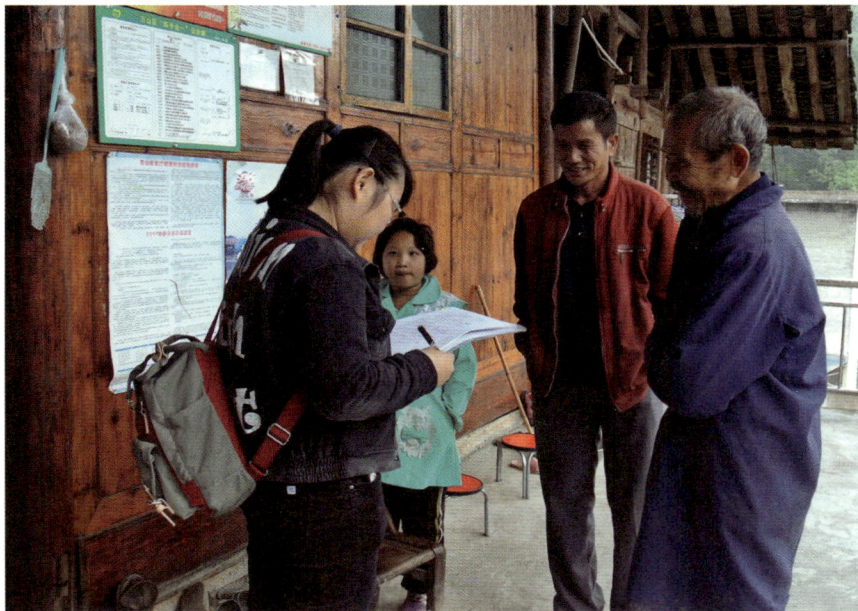

2018年10月19日，调研十一组走访官田村贫困户蒲正平。

堂行医、等客上门"为主，偶尔开展的健康教育工作通常也在医院内进行，院外宣教、送医下乡、家庭病床服务等工作仅在极少地方开展，使得农村村民精神卫生知识较为缺乏，精神障碍发病率和患病率较高。调研小组在走访过程中发现，官田村家庭签约医生服务大多为医疗扶贫政策宣讲、基本公共卫生服务和基本医疗服务，个性化健康管理服务需村民自费，几乎无村民接受个性化健康管理服务。"医生上门就是给我们测测血压，做其他检查还要付钱，那我还宁愿选择去医院"，官田村71岁村民蒲光同在谈到家庭医生上门服务时这样说道。同时，精神卫生服务资源配置重城市轻农村的观念导致农村精神卫生机构发展困难，对农村村民精神健康权利保障极为不利。因此，当前被动的精神卫生服务模式对农村精神疾病患者而言是一种遥不可及的服务，难以真正利用。

五、对策与建议

（一）以"两个结合"为抓手，填补农村应用型人才缺口

农村实用人才队伍建设是一项长期而艰巨的系统工程，只有进一步整合培训资源，健全培训机制，增长农村应用型人才的能力才干，才能为农村经济社会发展提供人才保证和智力支持。针对官田村在农村应用型人才方面存在的问题，结合当前实际，应做好"两个结合"。

一是把农村专业应用型人才培训与产业规划结合起来。针对培训计划散乱、针对性不强的问题，结合《铜仁市万山区下溪侗族乡官田村村庄规划（2018—2035年）》中的产业板块规划的内容，重点针对官田现有的大棚蔬菜、山地刺葡萄、马蜂养殖等产业生产、加工和销

售各个阶段，制定主题明确的培训计划，促进该村形成"地里有产业，村里有能人"的良好发展格局。

二是把农村专业应用型人才队伍建设与职业教育结合起来。抓住国家大力发展职业教育的政策机遇，充分发挥铜仁职业技术学院、万山特区中等职业技术学校等资源优势，培养农学、师范、法学、医学生定向回到所在地基层就业，担任"赤脚医生"、乡村教师、乡村农业技术人与乡村法律服务人员等。鼓励高校毕业生参加"三支一扶"（支教、支农、支医和扶贫）、"大学生村官"等项目和特岗见习生选派工作，实现为农村专业领域引进更多"新鲜血液"的目的。

2018年10月17日，官田村村支书蒲光超向调研十一组介绍《铜仁市万山区下溪乡官田村村庄规划（2018—2035）》。

（二）加大农村精神卫生资源投入，实现资源配置均等化

转变精神卫生资源配置观念，加大对农村精神卫生机构的投入力度尤为重要。首先，应在村级或乡级设立专业的精神卫生机构，聘请专业医护人员，构建心理健康服务平台，这就需要政府扶持，提高机构的自我补偿能力，实现可持续发展。政府不仅要对供方补偿，直接加大对机构的投入力度，而且要对需方补偿，如完善精神疾病医疗保险、提高农村居民收入，以提高患者对精神卫生服务的利用能力。同时，树立系统观，以均等化的现代精神卫生资源配置理念为基础，以科学的精神卫生资源配置技术为前提，在考虑当前城乡精神卫生资源差异的同时，适当加大对农村精神卫生资源投入力度，减缓农村精神障碍的发病率和患病率，促进精神卫生服务供需平衡的良性循环。下溪侗族乡副乡长、官田村包村干部杨超说："当前虽然村级经济不断壮大、群众的生活条件也越来越好，但在医疗保障方面还有待提升。加大对医疗健康的投入是提高农村医疗水平的重要手段之一，更是保障和改善民生的关键一环。"其次，稳定和扩大精神卫生专业人才队伍是推动农村地区精神卫生人才队伍建设的有效途径。一方面，针对精神科医护人员面临的工作累、风险高、待遇低、受歧视等问题，通过提高精神卫生工作者待遇、完善保险体系、改善从医社会环境等措施增强精神卫生领域的吸引力。另一方面，加大精神医学专业人才培养力度。充分发挥铜仁学院、铜仁卫校等资源优势，扩大精神医学专业招生规模，并探索更科学的培养模式，切实为农村精神卫生工作提供人才保障。

参考文献

1. 陈建 :《农村科技型人才缺口如何填补》，2016。

2. 下溪乡官田村 :《官田村转型可持续发展情况汇报》，2018。

3. 铜仁市城乡规划勘测设计研究院 :《铜仁市万山区下溪乡官田村村庄规划（2018—2035）》，2018。

村中老母亲在房前久久伫立，思念着远在他乡的子女，默默地守着一个叫家的地方。秋已渐深，夜亦渐冷，他们是否吃好穿暖，又会在何时归家呢？

　　儿子正在为年迈的老父亲修剪头发，这门手艺，是从小在父亲为自己理发时学会的。当年的父爱，如今变为子孝。他们脸上藏不住的笑容，洋溢着幸福的暖意。

秋天是收获的季节。山间的葡萄熟了，一串串晶莹剔透，硕果累累。摘一颗放进嘴里，甜甜的汁水从舌尖蔓延至心间，这是大自然给予瓦田村民最好的馈赠。

优化"党组织+"模式
夯实脱贫攻坚基础
——瓦田村调研报告

2018年10月22~23日，铜仁市万山区转型可持续发展大调研第十一小组陈甚男、沈旭东赴下溪乡瓦田村开展了为期两天的调研。通过召开座谈会、实地走访和走村串户一对一访谈的方式进行了全面的调研。调研期间，调研小组共计访谈了6人，即下溪侗族乡计生协会副会长、包村干部（原第一书记）向阳，瓦田村第一书记罗丽青，村党支部书记吴长银，致富带头人张绍安，脱贫户代表吴长林以及贫困边缘户杨有妹。走访了半坡组、横路山路、时家组、烂板桥组、瓦田组5个村民组，并对吴长银、张绍安、吴长林、杨序海、戴小米、袁老再、袁菊秀、杨小琼、姚冬梅、杨有妹等村民进行入户调查。考察了瓦田村绿壳蛋鸡养殖场、生猪养殖场、山地生态刺葡萄基地。全程拍摄相关调研图片200余张，形成访谈录音6份。此外，调研小组还翻看了瓦田村脱贫攻坚资料近30盒，整理形成"精准扶贫'四看法'分数统计表"等成果。

一、基本概况及历史沿革

（一）基本概况

下溪侗族乡瓦田村位于万山经济开发区东侧、下溪侗族乡东南面，距乡政府5公里，距万山城区43公里。东靠大树坳村，南连新店坪镇船板溪村，西南接下溪侗族乡桂花村、铁门村，西邻兴隆村，北与下溪乡官田村接壤。全村地形山高谷深，地势西高东低，重峦叠嶂，群峰挺拔，境内有"万山之最"佛教圣地米贡山。全村面积11.13平方公里，耕地面积738亩，人均耕地面积0.46亩，基本农田面积434亩，人均占有农田面积0.29亩，森林覆盖率达65.5％。全村辖横路山组、彭家山组、麦禾溪组、瓦田组、中朝溪组、半坡组、田湾组、湾里组、时家组、白果田组、烂板桥组、张家组等12个村民组，2017年底全村共有512户1736人，以侗族和汉族人口居多。有低保户150户271人、五保户10户12人、重病人2人、残疾人98人。[①]

（二）基层组织概况

2016年通过选举成立社区支部委员会、居委员、监委会，工作人员共计8人，分别是村支书吴长银，村主任袁敏捷，村支部副书记吴长生，村支部副书记、会计杨丽，村委委员、出纳贾德平，村监委会主任时有华等。全村有3个党支部，党员43名。有驻村工作队1个，队员分别为罗丽青、向阳、柳世台、郑先敬、杨丽、陆灿灿。

---

① 下溪乡瓦田村：《瓦田村转型可持续发展情况汇报》，2018。

（三）乡村特色

瓦田村曾与官田村合并，称米贡山村，因米贡山位于瓦田村而得名。米贡山海拔1149米，属原始森林区，终年清泉长流，有原始森林13万多亩。米贡山风景秀丽，山势雄伟，树木苍翠参天、郁郁葱葱。攀登高峰，心境豁然开朗，东瞰雪峰山峰、舞阳河水，西望梵净山金顶、中华山金顶，南观侗寨炊烟袅袅，北览辰水兰迤。该山有两大奇景，一是山顶上有一清泉水井终年不断水，水井深9米，井口直径2米。泉井水涨有雨，下沉天晴，不涨不降属阴天。一年四季不变。二是山腰800多米处有两棵相距百米的"雪花树"。树高18米，至今有400多年历史。该树开花要下雪，花多雪大，花少雪少，不开花不下雪，即使反春现象下雪，花也同样开。

在下溪流传一首民谣"月亮光光，打火烧香，烧到哪里，烧到庵堂，庵堂倒了，和尚跑了"。传说从前米贡山上只有一个和尚的时候，葫芦岩有大米流出，早晚各一次，当有客人到山上，客多就多出米，客少则少出米，无客时出一次米仅够和尚一人吃一餐，米贡山因此得名。后因和尚贪心，欲多出米，令人凿开洞口，不料洞口凿大后，米再也不流出。在唐代，米贡山建有草庵弥勒寺，明、清时期建佛堂大雄殿、诸天阁、太和殿、玄武殿等。因该寺庙在中华山东面，又称东华寺。后来湖南人在东华寺右侧另修一寺，名为湖南庵，而东华寺则为贵州庵，故有"一寺两省"之说。[①]

---

① 贵州省万山特区地方志编纂委员会：《万山特区志初稿》，1989。

二、基础条件和特色优势

(一) 基础设施与公共服务逐渐完善

瓦田村靠两条道路与外界沟通，一条为下溪侗族乡集镇至湖南芷江县大树坳村公路，路宽4~5米，南北方向经过横路山组、瓦田组；另一条为桂花村至瓦田村方向公路，路宽4~5米。全村已实现组组通硬亿路，连户路硬化率100％。此外，全村有集中式安全人饮供水点10个，覆盖全村12个村民组。所有农户均已接入国家农电网，享受全国同网同价电力资源，已完成农电网全面改造。实现移动、电信信号和4G网络无盲区全覆盖。实现100％安全住房，按户配备灶和卫生厕所，实现所有主要居住房屋室内室外全硬化。全村拥有农民文化综合广场3个，全村已安装太阳能路灯205盏，建有设施完备功能齐全的村卫生室1个、270平方米的村级活动室1个、新时代农民讲习所1个。

(二) 下溪乡山地葡萄产业示范园渐成规模

2010年以来，瓦田村依托区位优势和气候特点，率先在下溪侗族乡开垦荒山草地引进高山葡萄品种，重点发展高山葡萄产业，建成下溪乡山地刺葡萄农旅一体化示范园，并形成了精准扶贫户"家庭经营性收入＋工资性收入＋财产性收入"的可持续增长机制。同时，瓦田村积极推行下溪侗族乡"1+X"模式，以绿壳蛋鸡养殖场、生猪养殖场等形成规模化的养殖小区，既拓宽周边群众的增收渠道，又给葡萄园提供了长期的肥力资源。此外，建档立卡户以财政扶贫资金入股、投资50万元的村集体经济瓦田生猪养殖项目成为贫困户增收、村集体经济积累的保障。2017年，村集体经济生猪养殖、葡萄种植产业效益

2018年10月18日，连玉明院长在瓦田村听取下溪乡乡长杨昌贵介绍产业发展情况。

明显，实现产业分红建档立卡户全覆盖，全年累计分红158400元，户均增收1000余元。

（三）特色乡村治理体系逐步成型

为了更好地规范村民卫生行为，改善村容村貌，提高村民生活质量，打造"绿色发展、乡风文明、村容整洁"的宜居环境，瓦田村结合自身实际，从卫生观念、责任义务、室内外卫生、垃圾处理、卫生监督、违约处理等方面制定了《瓦田村环境卫生管理公约》。针对滥办酒席问题，瓦田村围绕办理酒席的条件和范围、办理酒席的要求、办理酒席的申办程序、违规处理等方面，制定了《瓦田村治理滥办酒席村规民约》，倡导文明新风，引导群众移风易俗，有效遏制了滥办酒席的风气。

三、创新发展和发展变化

（一）向山要地：摆脱贫困的新路径

土地贫瘠、山多地少一度是制约瓦田村经济发展的重要因素。面对致富路子窄、百姓收入低的现状，瓦田村充分利用山多田少、宜林地多、自然气候独特的优势，摸索出一套高山葡萄种植新技术，带领部分种植大户大力发展山地生态刺葡萄，走出了一条荒山坡结出"致富果"的特色种植致富新路。瓦田村贫困面貌已成为过去，农民的生产生活条件得到切实改善。瓦田村支书吴长银回忆道："当时瓦田太落后了，在乡里排名总是倒数，我去开会都是找个边边角角坐。现在去开会感觉就不一样了，在村庄发展方面表扬的对象瓦田必是其中一个。"同时，瓦田村还紧紧围绕"园区景区化、农旅一体化"的工作思路，积极探索引导农业产业向园区景区化发展，帮助农民增收致富。

（二）"党组织+"：脱贫攻坚的新发力点

近年来，瓦田村以党建带扶贫，以扶贫促党建，探索推行"党组织+村级集体经济""党组织+产业园""党组织+精扶贷"等党建扶贫模式，带领贫困户脱贫致富。

"党组织+村级集体经济"稳增收。按照"大户带动、旨在扶贫、集中连片"的原则，瓦田村积极打造"党组织+村级集体经济"示范点，探索村集体经济股份合作制。截至2017年12月，驻村工作队积极向上对接争取到产业发展资金120万元，并作为建档立卡户的利益联结资金投入村集体经济，引导贫困户发展短平快产业，带动贫困群众增收致富。目前，瓦田村已实现产业分红建档立卡户全覆盖，2017年累计分红158400元，户均增收1000余元。

"党组织＋产业园"促发展。瓦田村将山地生态刺葡萄种植业作为主导产业，发展山地生态刺葡萄产业园2000余亩。按照"农业产业化、产业园区化、园区景区化"的发展思路，累计自筹资金1050万元，将产业园打造成为"农旅一体化"景区。帮助精准扶贫户通过土地入股、土地流转、进园区务工等方式参与产业发展，带动就业400余人，农民人均纯收入增加1000元以上。

"党组织＋精扶贷"保增长。瓦田村以"民心党建＋信合＋"为载体，采取"党组织＋精扶贷"模式，与农村信合金融服务有机结合，帮助有劳动力但无资金的精准扶贫户找准产业并获取贷款，变"输血式"扶贫为"造血式"扶贫，变"大水漫灌"为"精准滴灌"，增强贫困户发展后劲。瓦田村原第一书记向阳在接受访谈时说："保增长的模式不仅为全村贫困户脱贫致富找到了'好路子'，更让我们在今后发展道路上越走越有底气，越来越有活力！"

（三）避雨大棚：打造葡萄品质新标杆

发展方向明确了，致富出路找到了，但是如何拓宽销售渠道，如何使葡萄产业的经济效益最大化，也是摆在群众面前的一个现实难题。经过深入的市场调研，瓦田村按照"人无我有、人有我新、人新我特"的战略定位，在下溪乡首创葡萄基地避雨大棚，从山地生态刺葡萄的"品质优、口感好、价格宜"上狠下功夫，着力打开山地生态刺葡萄的销售市场。2018年，通过苏州对口帮扶项目资金支持，瓦田村的葡萄基地建起了避雨大棚，葡萄品质得到明显提升。瓦田村村主任袁敏捷向调研小组介绍，传统的露天种植每年需要进行5至6次病虫害防治，而改良后的大棚种植每年只要进行1至2次病虫害防治，大大降低了药物和人工成本，且大棚葡萄的质量更优、储存期更长，能延后1至2个月上市，产品得以错峰销售，价格上也有所提升。此外，调研小组在专访村支书吴长银的过程中了解到，目前，瓦田村葡萄种植主要采取露天和大棚两种种植模式，其中大棚葡萄有150余亩。今年，全村葡萄产量达200多万斤，销售额达300余万元，产业红利惠及全村1736人。

四、突出问题与发展难点

（一）农村就业机会少导致返乡农民生活缺乏保障

大部分农民工返乡后，要想仅靠自己的一亩三分地，已经很难满足家用需求，打工则成了农民为数不多的赚钱途径之一。但相比之下，

2018年10月22日，调研十一组访谈瓦田村脱贫户代表吴长林。

农村的就业领域较窄，就业机会远不如城市。另外，因常年在外务工，农民在获取当地就业信息方面缺乏途径，多半依靠熟人介绍工作。正如瓦田村时家组村民杨见妹说："我和我老公两个人根本不敢一起返乡，回来能干的活太少，都只能打点零工，工资也比在外打工少得多，很难维持我们一家人的开销。"

（二）返乡农民工受资金限制创业意愿不强烈

农民工适应了现代的生产方式，具备了一技之长，在这种情况下，返乡创业成为他们展现自己才华和贡献能力的一种方式。但对于欠发达地区而言，地理位置偏僻、基础设施建设滞后限制了外来的投资，而有知识和技术的农民工，又由于农民贷款金额有限，缺乏资金支持，创业的积极性受到打压，甚至出现创业亏损现象。例如瓦田村由于缺资金，现有的2113亩葡萄中仅有100多亩搭建了大棚，去年因雨水过量，未搭大棚的葡萄大部分染了病，产量减少，葡萄种植户遭受了一定程度的损失。瓦田村张家组村民张绍安自己有将近200亩葡萄，只有30多亩盖上了大棚，他说："大棚是必须要弄的，但是因缺资金，只能看着没有大棚的葡萄被雨淋，毫无办法，今年和去年的收入比起来，整整少了3万元。"

（三）文旅一体化发展缺乏创意

长期以来，文化底蕴深厚的瓦田村发展文化旅游产业的愿望十分迫切，但面对经济落后、旅游文化产业基础薄弱和村干部对发展文化旅游缺乏经验的现状，始终处于观望和徘徊的状态。"我们村也想发展旅游产业，米贡山的传说从小就听老人家说过，但真正说把它用在发展旅游上，我们就有点手足无措，不知道该从何下手呀！"瓦田村村支书吴长银无奈地摇着头说。正因如此，瓦田就只能拘泥于固有模式，看到其他村发展采摘体验、鱼塘垂钓等项目可操作性强，便欲将这样的山庄式旅游发展模式用在本村的发展上，缺乏符合自身发展实际的创意，更加缺乏叫得响、效益高、影响大的品牌文化休闲旅游产品，旅游资源的观赏性、体验性和可开发性明显不足。

五、对策与建议

（一）紧抓乡村振兴机遇，扩大就业空间

紧抓国家《乡村振兴战略规划（2018—2022年）》出台的机遇，逐步提出一系列强农惠农政策，为失业的返乡农民工参与新农村建设提供新的就业机会和空间。此外，为返乡农民工提供受教育和培训的机会，开辟新的就业领域，如保洁、酒店服务和保安等。在增加就业机会方面，瓦田村村主任袁敏捷说："我们希望一些专业化的保洁、安保公司多来我们村给村民们培训，让大家除了在村里的葡萄园或锰矿做零工外，还能有其他的就业渠道，增加村民收入。"

（二）紧抓脱贫攻坚机遇，做好资金支持

紧抓巩固提升脱贫攻坚成果的机遇，为解决再就业问题制定相应的创业优惠政策，拓展创业空间，加大扶持力度，优化创业环境，提供创业培训、项目开发、开业指导、政策咨询等一系列服务，大力促进税费减免、小额担保贷款、各项就业补贴等政策的落实。鼓励农民承包开发荒山、荒坡，从事农、林、牧业生产，并给予相应的产业启

动或发展资金支持。瓦田村包村干部向阳说："向山要地是我们村发展的重要思路之一，但资金又是最大瓶颈之一，希望以后能多一些相关产业扶持政策，给予一定的资金支持。"

（三）紧抓文旅发展机遇，打造乡村文旅综合体

紧抓资源特征和市场需求，深入挖掘米贡山文化内涵，保护并利用好文物古迹、传统建筑等遗产。瓦田村第一书记罗丽青说："米贡山曾是佛教圣地，如何利用佛教文化做文章是下一步我村进行文旅一体化发展的关键。"建议将米贡山历史传说故事、民俗风情等民族文化资源与现代休闲娱乐项目结合起来，着力开发文化创意、休闲度假、健康养生等休闲游产品，促进文化转化；延伸产业链条，从观光游向休

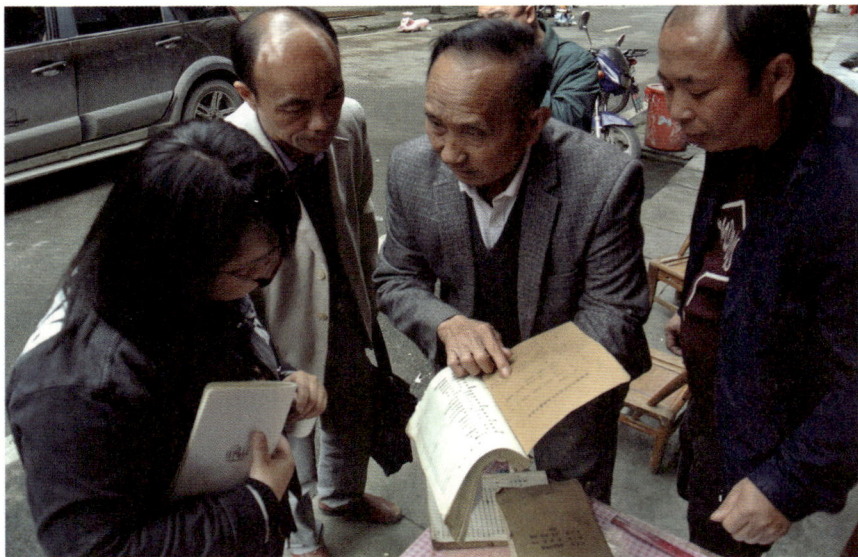

2018年10月23日，调研十一组访谈瓦田村退休教师杨先贵，了解瓦田村历史沿革及米贡山传说。

闲游转变，从"一季旺"向"四季游"转变，从单一的吃、住、看向参与、体验、消费式旅游转变，着力打造集葡萄采摘、乡村观光、农事体验、休闲度假、文化科普于一体的乡村旅游综合体。

参考文献

1. 贵州省万山特区地方志编纂委员会：《万山特区志初稿》，1989。
2. 下溪乡官田村：《瓦田村转型可持续发展情况汇报》，2018。
3. 铜仁市城乡规划勘测设计研究院：《铜仁市万山区下溪乡官田村村庄规划（2018—2035）》，2018。
4. 铜仁市万山区转型可持续发展大调研组：《下溪发展面临的五个重大问题——下溪侗族乡转型可持续发展调研报告》，《铜仁市万山区转型可持续发展大调研专刊》2018年第5期。

村里的房屋翻新了，屋子变得更干净了，院子变得更宽敞了，居住条件变得更好了。而青龙村民对于木屋和瓦房的偏爱，如同爱这座山村一般，依旧未变。

虽然头发已花白，背脊已弯曲，仍旧可以点上一支烟，慢慢品味生活百态。老当益壮，身体依然有肩挑扁担的力气，心中依然有笑对人生的勇气。

傍晚时分，结束一天的耕作，带着收获的喜悦归家，热气腾腾的
柴火饭刚刚出锅。墙头整齐悬挂的农作工具、肩挑红薯面带笑容
归来的女子，是乡村独有的美景。

强化"造血"能力　激发内生动力
——青龙村调研报告

　　2018年10月20~21日，铜仁市万山区转型可持续发展大调研第十一小组陶巍、何露赴下溪乡青龙村开展了为期两天的调研。调研期间，召开座谈会对村基本情况、历史沿革、基础设施建设、产业发展、村集体经济、乡村治理、精准扶贫及发展存在的问题和难点进行了解，青龙村包村干部、驻村第一书记、村支"两委"相关人员参会。接着，调研组分别对驻村第一书记冉隆海及其儿子冉梓良，村委委员龙秀珍，致富带头人欧安祥、欧家茂，脱贫户代表卢茶花，老党员欧安文，老村医刘荣芳，村民黄海玉进行了访谈；实地走访了生猪养殖基地、山羊养殖基地、林下养鸡场、青龙村水库；入户调查了村民吴小菊、脱贫户代表卢茶花、锰矿矿工刘开作等；形成《万山区下溪乡青龙村调查表》1份，获取村级资料9份。通过调研，调研组发现青龙村水资源和森林资源丰富，乡风文明建设成效显著，家家户户房前屋后干净整洁，屋内也十分整齐。但如何培育壮大经济发展新动能，将淳朴的民风乡风和丰富的自然资源转化为良好的社会效益和经济效益，让广大村民享受到发展的成果，是青龙村需要解决的重点问题，也是万山区需要统筹解决的共性问题。

一、基本概况及历史沿革

（一）基本信息

下溪侗族乡青龙村位于下溪侗族乡政府北面7.5公里，村委会距离主干道2公里。东靠瓦屋乡，南连官田村，西南接敖寨乡，北与瓦屋乡接壤，地处下溪、瓦屋、敖寨三乡交界地带。气候属亚热带季风气候，地理中心位置为东经109° 34′，北纬27° 59′，海拔300~500米。全村面积16.67平方公里，耕地总面积230亩，有效灌溉面积120亩，人均占有耕地0.54亩。村庄民族主要为侗族，辖区范围内有3个自然村（寨）、3个村民组，村内主要姓氏为刘、欧、黄。

2017年全村有户籍及常住人口177户518人。有低保户38户71人、五保户3户3人、危房改造户62户，其中建档立卡24户，已全部改完并入住；有重病人3人、残疾人25户29人，其中建档立卡户13户17人；有易地搬迁户26户101人，其中2016年搬迁15户57人，2017年搬迁11户44人。2017年底有非贫困户122户305人、建档立卡贫困户58户179人，其中未脱贫户6户6人，脱贫户52户173人，贫困人口发生率由2014年建档立卡之初的37.59%下降到2017年的1.63%。目前，全村有中共党员21人、外出务工人员187人、60岁以上老人91人、90岁以上老人3人、100岁以上老人0人，其中"三无"（无劳动能力、无收入来源、无子女赡养）老人4人、五保户90户。①

---

① 下溪乡青龙村：《青龙村基本情况》《青龙村基本信息补充表》。

(二) 基层组织

青龙村驻村第一书记为万山区地税局主任科员冉隆海，从2016年3月任职至今。驻村工作队员为万山区农牧科技局干部姚建军，下溪乡人民政府干部姚本勇、吴静，万山区纪委干部陆俊勇，万山区地税局干部钟伟、冉梓良。2016年8月，冉隆海因病住院治疗，其儿子冉梓良主动请缨，协助冉隆海在青龙村开展驻村帮扶工作。村党支部书记为欧家福，村委会主任为刘开现，村监察委主任为刘荣庆，村委会委员、会计为龙秀珍，村党支部委员为吴桂萍，村监察委委员为欧家保、刘荣贵。

(三) 乡村特色

青龙村在1993年以前，隶属于官田村十一组、十二组、十三组，2006年划归兴隆村，2010年正式设立为青龙村，组名仍然为十一组、

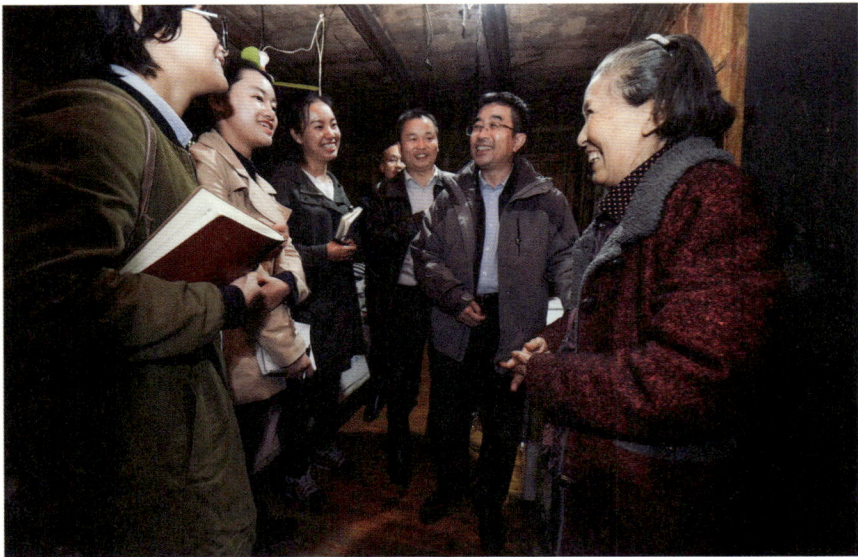

2018年10月18日，连玉明院长一行在青龙村85岁村民刘文秀家。

十二组、十三组，沿用至今。其中，青龙十一组、青龙十二组属于中心村组，称为烂泥垅居民点；青龙十三组属于一般组，称为船冲居民点。[①] 全村地形山高谷深，地势北高南低。水资源丰富，下溪河穿境而过，有1500KW小型水电站一座。森林资源丰富，山间植被繁茂，森林覆盖率达60%以上，生物多样，野生动物繁多。全年平均气温18℃，最高气温为34℃，最低气温为−1℃。全年最热月为七月，平均气温为27.3℃；最冷月为一月，平均气温为5.8℃；年日照时数在1328.8小时左右，无霜期336天以上，年均降雨量1458.1毫米左右。[②] 由于水资源和森林资源丰富，年平均气温适宜，全村农业以水稻为主，同时发展林下散养土鸡、山羊养殖及生猪养殖等产业。

二、基础条件和特色优势

（一）基础设施不断优化，乡村面貌变化巨大

2014年以来，青龙村积极改善水、电、路、网等基础设施条件，打造美丽宜居村庄。投入50余万元建成安全人饮自来水点，自来水覆盖全村3个村民组所有农户；完成农村电网全面改造，全村所有农户均已接入国家农电网，享受同网同价电力资源；投入500余万元建成组组通水泥硬化路和沥青路，连户路硬化达到100%；投入200余万元完善和新修防洪堤及水利设施；全村境内移动、电信网络无盲区全覆盖；通过农村

---

① 铜仁市城乡规划勘测设计研究院：《铜仁市万山区下溪侗族乡青龙村村庄规划（2018—2035年）》。

② 万山区下溪乡青龙村林下散养土鸡养殖场：《下溪乡青龙村林下散养土鸡建设项目可行性报告》。

危房改造，实现户户有安全住房；实施"五改一化一维"工程，完成了房前屋后及室内外硬化；安装太阳能路灯30盏。

（二）公共服务水平提升，民生福祉持续增进

目前，青龙村实现义务教育全覆盖，全村享受教育保障74户108人，其中建档立卡户教育兜底23户52人，享受教育资助61300元。大力推进医疗健康服务工作，投入6万余元建设80平方米的村卫生室，配有卫生员1名。全村建档立卡贫困户2017年发生医疗费用28户，共报销补偿96746.78元，帮助解决了村民看病费用问题。投入20余万元建有200平方米的村委会办公楼及老年活动室、农家书屋、视频会议室，空调及电脑、打印设备一应俱全。投入20余万元建有农民文化广场、花坛以及2个篮球场。

（三）集体经济发展壮大，农民群众增收致富

青龙村因地制宜，积极发展集体经济，带动群众脱贫致富。现有农民专业合作社3户，合作社将全村贫困户纳入社员入股分红。2017年，全村建档立卡贫困户58户180人入股了村林下种养殖专业合作社，年底人均分红300元，共计54000元；15户38人入股了西南国际商贸城，年底人均分红1600元，共计60800元；5户19人入股了土农民山羊养殖合作社，年底人均分红277元，共分红5263元。此外，帮扶部门投入18万元购买小生猪180头，免费发放给贫困户饲养，长大后自行出售，年底户均连本带利收入6000元。[①]

---

① 下溪乡青龙村：《青龙村基本情况》。

（四）环境治理和谐有序，乡风文明民风淳朴

青龙村房屋建筑以木质结构为主，较好地保留了乡村传统风貌，全村乡风文明建设成效显著。以房屋打扫为例，实地走访到的农户家里家外都打扫得干净整洁，大部分村民都是脱鞋进房，屋内地板一尘不染。一方面，该村老百姓的环境卫生意识很强，村民与村民之间比勤劳；另一方面，该村共同制定了《环境卫生公约》，家庭与家庭之间比环境卫生。村民黄海玉讲道："一年365天，哪天不打扫卫生，就浑身不舒服。儿子儿媳在上海工作，平时都很忙，只有过年才能回家，但是他们的房间我都会认真打扫。"爱护环境卫生已经成为每家每户约定俗成的习惯，甚至很多农户之间还相互比较。"我们祖祖辈辈都喜欢打扫卫生、收拾屋子，一代接一代的传下来了。"村民黄海玉骄傲地补充。

三、创新实践及发展模式

（一）依托"造血"项目，激发脱贫内生动力

在推进精准扶贫工作过程中，青龙村积极探索脱贫攻坚新思路、新途径，打造特色扶贫模式。农村要发展，产业支撑是关键。驻村扶贫工作队根据村情、地理环境等，确定以务工、经商、种养等"造血"项目为主要方向，增加村集体经济和贫困户的收入。一方面，组织群众通过劳务输出脱贫致富；另一方面，发展山地经济和绿色经济，围绕山地资源发展林下养殖，发动群众养殖山羊、土鸡、生猪等。

一是由村支"两委"牵头成立农民专业合作社，将财政扶贫资金集中投入集体企业，发展生产经营，将全村所有贫困人口纳为社员入股分红。二是积极支持有创业经验的贫困户牵头成立了林下养殖专业

合作社、养猪专业合作社、山羊养殖专业合作社，鼓励贫困户自愿组合抱团发展。三是积极帮助贫困户办理扶贫小额信贷，解决发展过程中的资金困难问题，推进金融精准扶贫工作有效开展，帮助贫困户实现精准脱贫。全村建档立卡贫困户办理精准扶贫贷款14户570000元，到2017年12月底，共享受政府财政贴息13129.27元。四是积极推进务工就业，通过就业局、帮扶单位、帮扶干部、村民本人等多方积极努力，帮助建档立卡贫困户务工就业。到2017年底，全村建档立卡贫困户在区内务工共有40人，在县外务工共有22人，特别是易地移民搬迁户达到了每户至少有一人就业，实现了"搬得出去，住得下来"的目的。

（二）充分释放政策红利，助推精准脱贫攻坚

近年来，万山区实施的贫困户精准识别、精准退出政策，定点帮

2018年10月18日，连玉明院长看望青龙村92岁寿星郭珍云。

扶政策，金融扶贫政策（扶贫小额信贷），住房安全保障政策，教育扶贫政策，医疗保障政策（2017年），林业生态扶贫政策，社会保障兜底扶贫政策等，为青龙村的精准脱贫攻坚提供了有力支持。

青龙村80岁老党员欧安文说："老伴比我大6岁，她患有支气管炎和肺结核，她去看病的医疗费和车费基本都能够报销，家里主要是因为缺乏劳动力致贫的。感谢党和国家有这么好的政策，我俩每人每个月都有316元的低保、70元的养老金，老伴还有每月50元的高龄补贴，再加上我之前当村主任的退休金，每个月过生活足够了。"

青龙村致富带头人、脱贫户代表欧安祥讲道："我18岁时左膝受伤，没有钱医治就变残疾了，没办法外出打工赚钱。去年我和欧家勇等4户一起建了养猪场，期间政府给了不少帮助和支持。这几年村里变化很大，国家政策好，孙子读书都没怎么花钱，每年每学期都享有教育资助资金，而且每天还有免费营养午餐吃。"

青龙村村民黄海玉说："老公得脑血栓后影响到了脑部神经，与人交流和照顾自己非常困难，一犯病就直接倒在地上，都是村里的干部和群众一起帮忙抬到车上去的医院。他看病的费用大部分都能够报销，我们每人每个月也有300元的低保，生活上没什么问题。"

（三）构建多元治理体系，提升乡村治理能力

中国的乡村治理大体上经历了三个阶段，第一个阶段是宗族治理，第二个阶段是新中国成立后的村民自治，现在随着精准扶贫、精准脱贫工作的开展，第一书记、驻村干部、企业家、社会组织等多元主体力量被整合下沉到乡村，开始呈现多元治理的特征。在青龙村2年多的时间里，驻村第一书记冉隆海与村民同吃同住、交心谈心，针对全村

实际展开走访调研，对制约青龙村发展的不利因素进行梳理和分析，提出解决困难和问题的办法；根据村民困难实际，及时主动与上级有关部门联系，争取到更多的帮扶政策，用自己的实际行动获得了群众的信任和支持，为青龙村发展起到了积极的推动作用。

以环境治理为例，之前青龙村大部分农户家打扫得干净整洁，但是全村村容村貌还有待进一步提升，驻村第一书记冉隆海发动群众共同整治村庄环境卫生，制定了《环境卫生公约》，引导群众养成讲卫生的好习惯，如今全村户户院落干净整洁，柴草堆放有序。诸多鲜活的事例证明，第一书记和驻村干部已经成为当前推动农村建设发展的重要力量。他们下沉到农村，带来了先进的发展理念和治理经验，带来了项目、资金、资源的下沉。在他们的参与下，农村的卫生环境、生活习惯、发展面貌等都发生了巨大的改变，农村开始朝着"产业兴旺、生态宜居、乡风文明、治理有效、生活富裕的"的新目标迈进。

四、突出问题及原因分析

（一）属于典型"空心村"，没有足够劳动力发展产业

青龙村户籍及常住人口为518人，但是流动人口有344人，占到了66.4%，大量的青壮年涌入城市打工，除过年返乡以外，其他的时间均工作在城市、生活在城市，各家各户存在很多闲置房间。村民黄海玉讲道："儿子儿媳都在上海工作，只有过年才回家，但是他俩的房间我经常打扫。"村民欧家荣的妻子说道："两年前新建了大房子，现在二楼还空了六间房。"留守在家的大多数是年老体弱，或有残疾的村民，他们大部分从事传统的农业，很难找到致富的突破口。

2018年10月20日，调研十一组入户走访青龙村移民搬迁户吴小菊家。

（二）缺少规模产业支撑，第一产业发展不具备优势

全村农田耕地较少，大部分为山体林地，耕地总面积230亩，有效灌溉面积120亩，人均占有耕地仅0.54亩。特殊的地质地貌结构使这里的土壤涵水性差，容易滑坡垮塌，地表水存不住，只能种植一些旱地作物，并且耕地也较为分散，无法连片利用，不能发展大规模种植业。基本上是"靠天吃饭"，一遇天旱，村民饮水都较为困难，农民的生产发展受到一定限制，经济长期难以得到突破增长。此外，养殖业规模较小，生猪养殖基地、山羊养殖基地、林下养鸡场没有规模化发展。致富带头人欧家祥讲道："今年（2018年）上半年，养猪场卖了20多头猪，现在还剩100多头猪，规模不大，主要靠我们几户抱团取暖。"

（三）地理位置不占优势，山地交通出行较为不便

青龙村山高坡陡谷深，境内平地面积较少，对发展经济十分不利，特别是该村船冲居名点位于海拔330米左右的半山斜坡上。同时，该村虽距离谢桥新区55公里，但山路急弯较多，大部分路面狭窄，行车危险系数较高，且会车困难。驻村第一书记冉隆海说道："相比下溪乡其他村，青龙村距离万山镇较远，没有地理位置的优势，尽管自然资源丰富、环境优美，但是发展乡村旅游难度较大。"

五、对策与建议

（一）以万山区全域旅游为契机，统筹考虑乡村旅游发展格局

朱砂古镇品牌的打响掀起了万山旅游业发展的热潮，调研组在和驻村第一书记冉隆海的交流中了解到，青龙村一直在探索乡村旅游发展模式，但缺少规划、资金、人才，以及地理条件不优等因素制约了青龙村的旅游发展。因此，要以万山区全域旅游为契机，全面进行乡村旅游景区开发建设，增大乡村旅游景区投资力度，加强乡村旅游特色产品开发，美化乡村旅游景点的生态环境。以朱砂古镇（万山国家矿山公园）、仙人洞遗址、黑硐子遗址等景点为核心，建立与万山区各乡村的旅游合作，推进各个乡村旅游景区间的连接，共享游客资源，形成"一心多珍珠"的串联式旅游发展格局。

（二）充分利用各村资源禀赋，探索差异化旅游发展路径

借美丽乡村建设之契机，突出"一村一品"，因地制宜，探索具有各村特色的旅游项目。以青龙村乡村旅游发展为例，可依托"五改一

2018年10月21日，调研十一组实地考察青龙村水库，了解水源相关情况。

化一维"工程建设的基础，引进专业公司，将闲置的房屋打造成为宜居宜旅的特色民宿，让人们感受青龙村的农家生活、民风乡风，愿意来乡村体验慢生活。以水库为中心，在水库两边修建人行步道和栈道，在水库大坝下游修建一座跨河道桥梁链接，形成可环绕水库一周的观景垂钓路线；在沿河两岸布局田园农业、民俗文化、休闲度假等功能板块，打造富有地域文化特色和山水特色的乡村旅游目的地。

（三）科学编制乡村交通规划，着力提升乡村旅游道路标准

构建适合产业发展的乡村景区网络，打造由景点到全域的乡村旅游廊道。结合当年道路系统，充分理顺村庄道路网络，并进行系统分级。在组组通水泥硬化路和沥青路的基础上，对具备条件的乡村，着手窄路基或窄路面路段加宽改建，按标准规范增设会车台、停车场和

服务站，满足村民及游客会车、停车需要。规范建设乡村道路安全防护设施和导向标识，确保乡村旅游交通安全。探索健全乡村旅游公路交通管护机制，确保路有人修、路有人管。

参考文献

1. 铜仁市万山区转型可持续发展大调研组：《下溪乡发展面临的五个重大问题——下溪侗族乡转型可持续发展调研报告》，2018。
2. 铜仁市万山区转型可持续发展大调研组：《下溪乡青龙村简报》，2018。
3. 龙翔宇：《国庆驻村忙 上阵父子兵》，2018。
4. 胡邦红，匡成铭，王东东：《谈贵州省万山特区乡村旅游》，2016。

在山中那株果树上，结满香甜的果子，在记忆的唇齿间留香。长在藤上的大血藤，挂满枝头的野果，带着露水的幽香。

清晨的阳光，洒满了高翘的飞檐。石头边的翠竹、树上的碧绿，在阳光的爱抚下，生机盎然。屋顶的五角星，那是咱侗族的记忆符号，有了它，也就有了回家的方向。

笔直的大树，将生命献给了木材；年迈的木工，将岁月献给了技术。一点点地雕琢，一寸寸地修缮，这样的慢工细活，如今还有几人能做？

弘扬铁门精神　守住重要"招牌"
——铁门村调研报告

2018年10月20~21日，铜仁市万山区转型可持续发展调研第十一小组周猜、萧伟赴下溪乡铁门村开展了为期两天的调研，并召开座谈会，下溪侗族乡党委副书记、政法委书记姚飞，铁门村驻村第一书记李祖军，铁门村党支部书记刘泽信以及村"三委"等相关人员参加会议，通过会议对铁门村基本情况进行了解。调研过程中，调研组实地考察了铁门村大血藤养殖基地、生猪养殖基地、铁门完小和新时代农民讲习所，访谈了铁门村驻村第一书记李祖军、党支部书记刘泽信、村主任刘洪宴、党员代表刘元晓、铁门完小校长刘洪志、村监督委员会主任刘洪平、村医杨茶花、脱贫户代表刘元根及致富带头人刘泽登，入户走访了农户刘元桥、刘洪平、罗玉平等10余户村民。

一、基本概况和历史沿革

（一）基本情况

铁门村位于下溪乡东南面，距下溪乡集镇12公里，东与湖南的新店平相连，西与万山区黄道乡接壤。全村海拔900米，地形山高坡陡，地势东高西低，西、北两面山峦重叠、群峰挺拔。全村面积4.16平方公里，耕地总面积347.8亩，其中基本农田207.6亩，人均耕地0.6亩。铁门村拥有丰富的磷、锰矿资源，预计可供常规开采50年以上，品位在10%~20%。全村共有铁门上、铁门下、草把溪、沙子坪、杨龙、界上和牛塘界7个村民组，共计160户615人。铁门村属于一类贫困村，现有建档立卡户23户90人，已脱贫19户84人，易地扶贫搬迁43人，2017年贫困发生率为0.91%。[①] 农业发展以水稻为主，目前还发展了生猪养殖、水产养殖、中药材经果林中华大血藤和葡萄、蔬菜等其他特色产业。矿产资源以锰矿为主，现有锰矿开采企业一家。村民收入主要靠外出务工、种田和养殖，截至2017年，全村有3个村集体合作社，村集体经济收入4.74万元。

(二) 历史沿革

铁门村因三道岩岭闩住村口而得名。相传在晚清时期，刘家先祖为躲避徭役和赋税，从铜仁市碧江区瓦屋乡躲避到深山之内，因山上原有一条大石条像门闩一样将山脚溪河阻断，使溪河之水只能从旁绕出，又因地形优势及当时交通闭塞，曾在村口修建了一扇大铁门，形成"一夫当关，万夫莫开"之势，故名"铁门闩"。20世纪70年代末大搞农田基本建设，"门闩"被炸掉，溪河被改直。由于铁门人热情好客、勤劳朴实，凡是到村里工作和学习的姑娘大多都会被当地男子所吸引，嫁入铁门村。因此，外界盛传"姑娘都被铁门男子'拴'住了心，'铁

---

① 数据来源：《下溪乡铁门村汇报材料》，2018年10月15日。

门闩'之称名副其实"。

(三) 铁门村基层组织概况

铁门村驻村第一书记为万山区档案局副局长李祖军，2016年10月到铁门村驻村。本届村班子于2016年底组建，现有村组干部13人。其中村"三委"7人，分别为村党支部书记刘泽信、村主任刘洪晏、村委委员刘军和陈桂桃、监督委会主任刘洪平、监委会委员刘元达和刘阳涛。

二、基础条件和优势特色

(一) 基础设施建设不断完善

经过多年的发展，特别是打响脱贫攻坚战以来对全村基础设施建设投入力度的不断加大，铁门村发生了巨大变化，已经不再是闭塞的"铁门闩"。目前，铁门村共有3条与外界相连的主干道，一条通往湖南新店平，一条通往黄道乡，还有一条通往下溪集镇。全村有集中式安全人饮供水点8个，覆盖全村7个村民组所有农户，所有农户均已接入国家农电网，享受全国同网同价电力资源，已完成农电网全面改造。全村已实现组组通硬化水泥路，连户路硬化率100%，实现移动、电信、联通等网络通信全覆盖。实现100%安全住房，按户配备灶和卫生厕所，实现所有主要居住房屋室内外全部硬化。全村拥有农民文化综合小广场4个，已安装太阳能路灯25盏，建有设施完备的村级卫生室1个，拥有共200平方米的村级活动室1个和新时代农民讲习所1个。[①]

---

① 数据来源：《下溪乡铁门村汇报材料》，2018年10月15日。

2018年10月20日，调研十一组入户走访老党员刘元晓，交流铁门村改革开放以来的变化。

（二）坚韧不拔、愚公移山的铁门精神

1997年冬天，饱受交通制约之苦的铁门决定要修一条通往山下的公路。当时的万山特区交通局经过实地勘察，最后测定铁门村路全长5公里，初步预算共需资金60万元，耗时5年。在铁门村村支"两委"的带领下，村民自发组成修路队伍，全村男女老幼齐上阵，经过3个多月时间，用双手和钢钎凿通了铁门通往山下的公路，创造了万山特区农村修路的奇迹。老支书刘元晓回忆道："道路分包到户，按人口和耕地计算，不论老幼，上至七十多岁的老人，下至几岁的孩童都参与，早上吃了饭就去，中饭都带到工地上吃，除了大年初一休息一天，其他时间都没有停过。"村医杨茶花是当时村里的计生专干，她谈到当初修路的情形时，甚至还有点害羞，"我当时负责到区里各单位找钱修路，

不给钱就住在人家单位里，全靠'耍赖'筹钱，原本答应给200元的，怎么都要磨到300元，一点一点筹集经费，买炸药。"正是铁门人这种坚忍不拔、愚公移山的精神，让铁门人无论在什么环境下都始终积极向上、不等不靠、谋求出路。"铁门精神"还成为铁门村村民自治的重要"招牌"。村支书刘泽信表示："现在要是有人做出有损铁门村形象的事情，只要提'铁门精神'就会立马改正。"

三、实践探索和发展变化

（一）探索产业发展新路，推动产业扶贫全覆盖

铁门村人均耕地不足0.6亩，土地贫瘠、山高地少一度是制约铁门村经济发展的重要因素。面对致富路子窄、百姓收入低的现状，铁门始终坚持把产业扶贫作为精准脱贫的重要抓手，依托精品水果、生态畜牧、中药材等主导产业和特色优势产业，打造产业扶贫项目。整合财政专项扶贫资金、涉农资金、信贷扶贫资金、扶贫产业子基金等重点投入扶贫产业，探索出"园区（基地）+ 贫困户""专业合作社 + 贫困户""产业大户 + 贫困户"等产业扶贫模式，在扶持产业发展的同时带动贫困户发展产业或就地务工，实现脱贫。据铁门村驻村第一书记李祖军介绍，目前铁门全村建档立卡贫困户享受国家专项扶贫资金入股本村3个产业，一是入股财政扶贫资金60万元，成立铜仁市万山区铁门生猪养殖专业合作社；二是入股财政扶贫资金20万元，成立铜仁市万山区铁门村黄鳝泥鳅养殖套种茭白专业合作社；三是入股财政扶贫资金11.4万元，成立铜仁市万山区刘中华大血藤种植专业合作社。2017年全村23户精准扶贫户共92人享受利益分红，实现每户3个产业分

红全覆盖，人均分红600元。同时，投入5.6万元入股西南国际商贸城，带动4户14人分红增收，人均分红1600元，共分红2.24万元。2017年贫困户8户31人通过产业分红增收脱贫。[1]

（二）重视宣传教育，推动乡村精神文明建设

铁门村始终坚持在培育"邻里和谐、文明礼貌、诚实守信、遵纪守法"的和谐民风上下功夫，为创建文明村筑牢价值导向。一是结合村情实际，在全村通村公路两侧、村委展板及人流密集场所悬挂、喷绘标语，制作固定永久式横幅，内容包括交通安全、生活习惯养成、护林防火、社会主义核心价值观、禁止滥办酒席、邻里和谐等方面。二是重教育、善引导，营造浓厚氛围。通过印发反映社会主义核心价值观的宣传画册，举办道德讲堂、开展"美丽庭院"评选等活动，以颁发小礼品、流动红旗等方式，挖掘村民中的道德楷模，培育知荣辱、讲正气、做奉献、促和谐的良好风尚。对文明家庭、诚信商户、好婆婆、好媳妇、最美脱贫户进行表彰。罗玉平老人患有眼疾，看不到任何东西，她的爱人患有听力障碍，调研组走访她家时，她正在熟练地打扫厨房卫生，屋内庭院都一尘不染。她说："大家都在比，哪家都干净，虽然我看不到嘛，但是太脏了也蛮不好意思，我家还得过流动红旗呢。"三是设立了新时代农民讲习所，建立了党员带头学习教育制度。包村领导、第一书记利用讲习所、院坝会、板凳会，对群众进行了文明礼仪、社会公德、职业道德辅导、国家惠民政策讲解。

---

[1]　李祖军：《下溪乡铁门村调研报告》。

四、存在问题和工作难点

(一) 受地形限制，基础设施建设难度大

铁门村位于高山之中，给基础设施建设增加了很大难度，2014年至2017年全村基础设施建设共投入资金共计3亿元，但基础设施建设欠账仍然较多。一是道路情况有待改善。目前铁门村共有3条与外界相连的主干道，但均为盘山公路，道路狭窄，仅够小车单向行驶，整条道路上仅有几处会车点，雨天道路湿滑，加之早晚雾气弥漫，存在安全隐患。此外，在调研过程中，调研组发现公路有几处存在不同程度的山体滑坡。二是地势不平，广场等公共活动空间建设成本较高。对此铁门驻村第一书记表示："铁门地势不平，修建广场难度很大，需要用柱子把地势抬平，成本很高。铁门小学门口那个小广场花了60万元，这要在其他地方，也就花一半的钱。"目前，该村一共有4个广场，面积都比较小，不能满足村民的活动需求。三是居民较为分散，基础设施需求较大。铁门全村有7个村民组6个居民点，仅有铁门居民点家户达30户以上，牛塘界、沙子坪、杨龙、草把溪和界上5个居民点家户均为30户以下，其中草把溪居民点仅13户58人。[①] 村支书刘泽信表示："村民太分散了，对基础设施的需求就比较大，比如小广场建设，就得每个居民点建一个，否则隔得远，其他居民点的也不方便。"目前，铁门全村已安装太阳能路灯25盏，但由于全村7个村民组间隔较远，村内村民居住较为分散，不能满足群众的夜晚出行需求。

---

① 铜仁市城乡规划勘测设计研究院:《铜仁市万山区下溪侗族乡铁门村庄规划(2018—2035 年)》，2018。

（二）教师、学生双缺失，教育困境凸显

铁门村教育水平落后的问题较为突出。由于师资力量薄弱、外出务工人员多和村民对优质教育资源的追求，学生流失问题严重。铁门完小有校长1人、正式教师1人、西部志愿者1人，实行包班制，有幼儿园学生13人、一年级学生4人、二年级学生4人，因为专业和技术问题，美术和音乐的授课质量远远达不到要求。学校的师资力量薄弱，但村民对教育的重视程度却越来越高。调研组在访谈过程中分别向村主任、村医、贫困户、致富带头人等提出了关于教育的问题，答案都是一致的，都表示会尽己所能让孩子享受更好的教育。脱贫户代表刘元根在接受访谈时说道："（孙子）三年级就离家住校肯定是很心疼的，但是为了上学，不舍得也没办法，不读书以后只会更吃亏，希望以后教育能有所改善，孩子们读书不用这么辛苦。"信息技术教育的滞后也是城

2018年10月21日，调研十一组实地考察铁门完小，了解教育情况。

乡教育之间的主要差距。铁门完小配有远程教育设备和计算机教室，但校长刘洪志在接受访谈时坦言，远程教育设备和计算机基本没有使用，他本人更是连制作幻灯片都感到困难。

（三）坡多耕地少，产业规模化发展受限

由于坡多耕地少，农业基础设施建设难度大，在万山区引进九丰农业推动高效农业发展的大潮中，铁门村一直处于旁观者的位置。全村347.8亩耕地大多为坡地，或是被山体分割成小片耕地，农业规模化发展受限。以铜仁市万山区铁门生猪养殖专业合作社为例，该合作社是铁门村的重点产业，占地3800平方米，年出栏生猪1000余头，生猪养殖技术和销路都有保障，但是受地形影响，生产规模却无法扩大。对此，该合作社的主要合伙人刘泽登表示："目前养殖场已经达到了饱和状态，想要扩大规模，但是原地扩大是不可能的了，几面都是山，只能在其他地方另建，在管理上有一定难度，成本也会增加很多。"

五、对策与建议

（一）强化产学研合作，推动大血藤规模化生产

铁门村以扶贫资金入注发展大血藤种植产业，目前已初具规模，大血藤基地与贵州省农科院达成合作，由省农科院为其提供技术支持。大血藤是一种中药材，它浑身都是宝，果、茎、叶均可入药，果实还可以作为水果食用，目前市场价格为每斤20元左右，市场缺口较大。其对生长环境有特殊要求，喜阴喜湿，尤其要生长在海拔500米以上的

山坡上，与铁门的地理条件完全相符。建议铁门村把大血藤作为发展高效农业的突破口，推动规模化种植，抓紧注册大血藤相关商标，打造铁门大血藤品牌，强化与贵州省农科院的交流合作，加强技术学习，参与大血藤新品种的培育，积极对接医药企业，围绕大血藤开展药物研发，完善产加销链条。

（二）深化信息基础设施建设，推动乡村智慧教育

铁门的教育问题是下溪乡，乃至全国大多数边远乡村的缩影，要解决城乡教育不均衡的关键是要加强乡村学校的师资力量和缩小城乡学生信息资源获取之间的差距。在乡村教育人才引进难度大的背景下，充分利用互联网、大数据、人工智能等先进技术，发展智慧教育，是提升乡村教育水平的重要路径。一是加强互联网、大数据、人工智能等新一代信息技术基础设施在乡村的布局和建设。二是充分利用现有远程教育设备和互联网、大数据、人工智能等先进技术，大力发展智慧教育。三是积极对接铜仁、苏州和其他发达城市的教育资源，实现联网上课。四是加强乡村教师的信息技术培训，提升智慧教育相关智能设备的使用能力。五是在乡村小学开设信息技术课程，拓宽学生信息资源获取渠道。

（三）合理规划村庄布局，引导农民集中居住

以乡村振兴战略为契机，制定铁门乡村规划，合理规划村庄布局，划定适建区、限建区和禁建区。以铁门、牛塘界、杨龙等较大的居民点为中心，引导农民集中居住。研究出台在集中居住点修建房屋的相关补贴政策，鼓励符合建房条件的农民进入集中居住点建房。优先重

点支持集中居住点完善农村基础设施和公共服务场所建设，卫生、教育、道路、通信、自来水、数字电视、文体设施等农村基础设施建设项目要重点向农民居住点整合集中投放。

参考文献

1. 下溪乡铁门村：《下溪乡铁门村汇报材料》，2018。
2. 铜仁市城乡规划勘测设计研究院：《铜仁市万山区下溪侗族乡铁门村庄规划（2018—2035年）》，2018。

秋雨后的薄雾，不浓重，不壮观，更不会变幻莫测，但在隐约之中显得耐人寻味。复垦后的田地，不肥沃，不密布，更不会穰穰满家，但在山河簇拥中静哺一方人。

乡村新楼迎薄雾，柏油马路进农家。祠堂彩旗尽招展，农村淘宝众口夸。惠农政策般般好，渐缩城乡等级差。

春联依旧那么红，那么艳，那么亮。年夜饭依旧那么温馨，那么欢腾，那么回味无穷。盼望着，冬天就要来了，家人团圆的日子也更近了。

围绕"农业"创特色
立足"绿色"做文章

——报溪村调研报告

  2018年10月20~21日，铜仁市万山区转型可持续发展大调研第十一小组陈甚男、沈旭东赴下溪乡报溪村开展了为期两天的调研。通过召开座谈会、实地走访和走村串户一对一访谈的方式进行了全面的调研。调研期间，调研小组深度访谈了5人，即报溪村村主任杨秀进、驻村干部童小虎、致富带头人杨序送、贫困户代表杨仁胜、村医陈凤群。走访了长冲元组、下报溪组、杉木溪组、克仁寨组等4个村民组，并对杨秀进、杨序送、陈凤群、杨胜万、吴金秀、杨仁胜、肖桂芝、姚有菊、杨再华、杨丰胜等10户进行入户调查，实地考察了铜仁市万山区坤钰种养殖农民专业合作社的梅花鹿养殖基地、铜仁市万山区杨老三生态农牧专业合作社的豚鼠养殖基地和坤鑫农业有限公司的大棚蔬菜种植基地。全程拍摄相关调研图片100余张，形成访谈录音5份。此外，调研小组还翻看了报溪村脱贫攻坚资料，形成"院坝会关键事项统计表"等成果。

一、基本概况及历史沿革

（一）基本概况

报溪村位于万山经济开发区东侧，下溪侗族乡西部，距乡政府9公里，东接桂花村，南邻黄道乡，北与敖寨乡相邻，西与万山镇相邻，全村面积8.2平方公里。境内耕地以坡耕地为主，水田主要分布在沿河两侧，其中耕地面积774亩，人均耕地面积0.61亩。全村辖克仁寨组、长冲元组、下报溪组、杉木溪组、钟家坡组、下场溪组、文塘坳组、石榴山组、彭家冲组9个村民组，属国家二类贫困村。2017年末有351户1219人，以侗族人口居多。全村60岁以上老人共计207人，其中60~69岁106人、70~79岁70人、80~89岁30人、90岁以上1人。现有建档立卡户102户329人、低保户98户149人、五保户12户12人、重病人13人、残疾人71人。已脱贫98户318人，未脱贫4户11人，贫困发生率从2014年建档立卡之初的25.74%下降到2017年的0.90%。[①]

（二）基层组织

报溪村村"三委"组织成员共计8人，分别是杨好胜、姚源海、杨秀进、但唐慧、杨昌华、杨胜银、杨维、张有妹。全村有5个党小组，党员32名，村干部6名。有驻村工作组1个，共6人，组员分别是杨顺良、杨涛、付智颖、冯艳青、童小虎、杨序送。

---

① 下溪乡报溪村：《报溪村转型可持续发展情况汇报》，2018。

（三）村名来历

报溪村原名豹溪村、抱溪村。此地山高谷深、丛林茂密、无人聚居，时有猎户来此狩猎，因山涧长传豹哮声，故取名为豹溪，豹溪之名一直沿用到新中国成立后。1966年，印刷资料时，主编人觉得"豹"字不宜用来形容村名，故改"豹"为"抱"，取其环抱溪水之意。后因"抱溪"与"抱去"在当地同音，村民认为此名不吉利，1986年，更名为报溪，沿用至今。

二、基础条件和特色优势

（一）基础设施和公共服务逐渐完善

报溪村主要依靠万下公路与外界连接，道路宽约7米。村内通组

2018年10月21日，调研十一组走访报溪村贫困户姚有菊。

路及串户路大部分已硬化。全村有集中式安全人饮供水点10个，其中杉木溪居民点有30立方米水池2个、长冲元居民点有30立方米水池2个、下报溪居民点有30立方米水池1个、石榴山居民点有30立方米水池1个、克仁寨居民点有60立方米水池1个、下场溪居民点有60立方米水池1个、钟家坡居民点有10立方米水池2个，彭家冲和文塘坳居民组直接饮用山泉。全村共有3个变压器，基本能满足村民生活需求，其中杉木溪、长冲元、下报溪共用一台200KVA变压器，克仁寨、石榴山、文塘坳、彭家冲共用一台100KVA变压器，下场溪和钟家坡共用一台100KVA变压器。部分居民点有照明设施（路灯），其中杉木溪21盏、克仁寨20盏、下报溪23盏。[①] 全村已完成农网升级改造，电信、移动、联通等网络通信全覆盖。实现100%安全住房，按户配备灶和卫生厕所，实现所有主要居住房屋室内外全硬化。此外，全村拥有7个农民文化综合小广场，1个200平方米的村级活动室和1个新时代农民讲习所，建有设施完备功能齐全的村级卫生室1个。

（二）梅花鹿特色养殖规模逐步扩大

借大扶贫政策东风，报溪村转变传统自给自足的农耕模式，通过荒山土地入股、精准贷资金入股等方式，发展特色种养殖产业，其中山地生态刺葡萄1300余亩、大棚蔬菜80余亩、梅花鹿养殖基地1个（养殖梅花鹿80头）、豚鼠养殖基地1个（每年出栏10000余只）。2017年，报溪村通过将财政扶贫项目资金200余万元量化到贫困户，以每户

---

① 铜仁市城乡规划勘测设计研究院：《铜仁市万山区下溪乡报溪村村庄规划（2018—2035）》，2018。

20000元产业扶贫资金入股坤鑫种养殖专业合作社，让贫困户参与报溪村大棚蔬菜和梅花鹿养殖项目，不仅解决了贫困户增收问题，也为村集体经济发展增添了资金动力。合作社利用经营收益，通过入股分红和提供就业发放工资的形式反哺贫困户，让贫困户享受发展红利，帮助贫困户脱贫致富。2018年6月29日，铜仁市万山区扶贫开发领导小组下发《关于下达下溪乡2018年梅花鹿养殖场扩建项目实施方案批复的通知》，批复财政专项扶贫资金130万元用于梅花鹿养殖场扩建，养殖规模不断壮大。

(三) 创新以院坝会为主的村民自治模式

报溪村在乡村治理方面，创新性地提出了以院坝会为主的村民自治模式，紧抓院坝会的关键作用，不断完善本村环境卫生治理、基础设施建设、公共服务等内容，以此提高群众对政策的知晓率和满意度，保障群众的民主权利，筑牢脱贫攻坚的群众基础。据统计，2017年报溪村共召开10次院坝会，会议共涉及5次建档立卡户再评议、4次"五改一化一维"、6次政策宣讲等事项（见图1）。截至目前，全村共修建垃圾池9个，投放垃圾桶70个，用于垃圾集中堆放，由乡统一回收处理，并在30户以上的村民组聘请专职卫生清理员，负责全村范围内卫生定期大清理，引导群众养成良好卫生习惯。同时，报溪村积极倡导"新农村、新环保、新生活"的新理念，通过"五改一化一维"项目实施，全村所有房屋安全隐患、跑风漏雨情况得到彻底整治，不仅让村民的卫生意识有了明显提高，也激发了村民早日摆脱贫困、过上美好生活的热情。村民组间开展的最美卫生户、最美儿媳等评选，帮助村民树立良好家风。

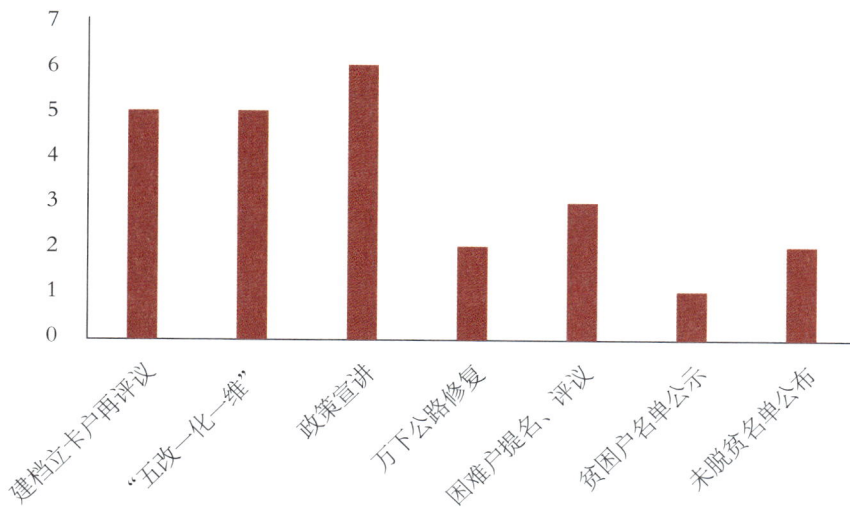

图1 2017年报溪村院坝会会议事项

资料来源：2017年报溪村院坝会会议记录。

三、创新发展和发展模式

（一）两种分红模式，实现贫困户利益最大化

报溪村梅花鹿养殖基地采取"党组织＋集体经济（合作社）＋基地＋贫困户"的合作模式，财政专项扶贫资金作为报溪村建档立卡贫困户102户329人的量化入股资金，村委会参与基地的管理和监督，种植基地产生利益后扣除基地成本用于下一批再生产。为保证贫困户的切身利益，报溪村制订了两种分红模式，并根据实际经营状况，选择分红金额大的模式为贫困户分红。在盈利情况下进行分红，分红资金按照入股比例来进行计算（入股比例 × 盈利资金），然后再以7:2:1（贫困户70%、村集体20%、生产管理费用10%）的模式分红。在未产生盈

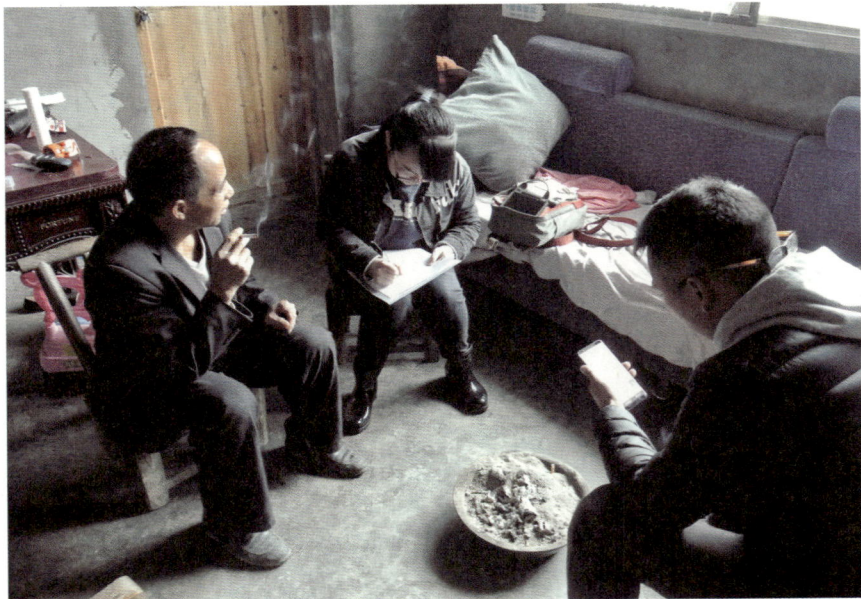

2018年10月21日，调研十一组走访报溪村贫困户杨胜万。

利的情况下，分红比例按照不低于入股的财政专项扶贫资金总额的5%进行保底分红（保底分红资金全部分给贫困户）。①

（二）"滚雪球"帮扶模式，确保贫困户脱贫有希望

"滚雪球"帮扶模式源于铜仁市万山区杨老三生态畜牧专业合作社。为解决群众脱贫无门路、发展无资金、生产无技术、农产品无销路等难题，2014年，合作社在下溪侗族乡全域范围内试行了免费送豚鼠种苗的"滚雪球"帮扶发展模式，即如果有村民（特别是贫困户）想要养豚鼠，可以从杨序送这里免费拿走10只种鼠，一年后有

---

① 铜仁市万山区扶贫开发领导小组：《关于下达下溪乡2018年梅花鹿养殖场扩建项目实施方案批复的通知》，2018。

产出了再归还。谈到具体归还方式，合作社发起人杨序送给调研小组算了一笔账，把损失的可能性考虑在里面，一年最少也能出栏100只，除去归还的，养殖户可以将自己现有的出栏豚鼠，以30元／只的保底价卖给杨序送（所谓保底价就是如果市场价低于30的时候，还是以此价格收购）。这一模式中，合作社除提供种苗外，还提供技术指导，一次性解决了群众无资金、无技术、无销路的难题，真正实现带动群众脱贫致富的目标。目前，合作社已带动发展养殖户10余户，遍布铜仁、黔东南、黔南、兴义、毕节等地，每户可实现增收3000元左右。

四、突出问题与发展难点

农旅一体化的发展缓和了"三农"问题，是一种防止农业衰退和增加农村收入的有效手段。但随着农旅一体化发展的不断升温，顶层设计缺乏、基础设施待完善等问题不断暴露，调研小组在报溪村实地调研的过程中发现，这些问题在报溪村同样存在。

（一）农旅一体化发展的专业性规划尚未形成

近年来，农村很多地方小范围的农旅一体化发展同质化现象严重，发展一两年后就销声匿迹了，究其原因很大程度上是发展没有长远考虑和专业性规划，想到什么就发展什么，什么旅游项目火就做什么。报溪村村主任杨秀进向调研小组介绍，报溪村将围绕侗寨特色民宿、碾子米、鼎罐饭等发展体验游，同时说道："你们来了，我的这些想法终于能和别人说了。"当问及详细的规划是否形成时，收到的回复是否定的。现阶段，报溪村农旅一体化发展思路很好，但仅存在于个别人的思想里，尚未形成专业的规划文稿，旅游项目发展呈现出"零散乱"的现象，使得项目可持续发展难度大，核心竞争力较弱。

(二) 农旅一体化发展管理人员素质不高

目前，报溪村正利用与朱砂古镇相近的地理优势，大力发展农旅一体化，在建农旅一体项目2个，即杉木溪组的张有妹葡萄山庄和杨秀进梅花鹿山庄，并计划发展一处水房碾米体验中心。虽然有部分经营者学历、素质较高，但大部分还是当地农民，经营理念相对落后。也说明了村主任杨秀进孤掌难鸣的辛酸。此外，报溪村自身乡土文化内涵的挖掘和设计还有较大欠缺，加之服务意识淡薄，服务不够规范，难以满足当前多样化、多层次的旅游消费者的服务需求。

(三) 旅游发展的交通基础设施亟需完善

进入大众旅游新时代，游客对旅游公共服务的便利性、及时性、移动性等要求不断增强，传统旅游公共服务难以满足现实需求，出行难、停车难、如厕难等问题长期存在。在报溪村，交通运输问题尤为突出。受"7·4"洪灾影响，万下公路（王灵观至下溪）报溪村境内路段受损严重，至调研时尚未完全修复，且处于停工状态，很大程度影响经济发展和群众出行。报溪村村主任人杨秀进向调研小组介绍："去年（2017年），我们为收购商采摘了9车约18万斤葡萄，但受万下公路影响，他们绕道运输成本高、产品损坏量大，只拖走1车后就不敢来了，导致10多万斤葡萄没法卖。"此外，群众出行安全缺乏保障，若绕道出行，时间成本和经济成本均成倍增加。"我骑摩托车的技术算是一

2018年10月20日，调研十一组与报溪村村"三委"召开座谈会。

流的，但是在这条路上已经翻两次车了！"报溪村驻村干部童小虎指着腿上的伤疤感叹道。家住长冲元组的67岁老人杨丰胜指着村委会方向说："原来从万山镇可以直接坐班车到报溪，现在只能先到下溪乡，再到报溪村，很多人都不愿意来，绕路不说，从下溪到报溪的车还很不方便。"

五、对策与建议

农旅一体化是乡村旅游和休闲农业发展的新模式，是实现产业融合的新手段。推行农旅一体化发展模式，让农村产业与旅游产业融合发展；利用农村生态旅游的丰富资源，带动农村产业和事业的发展，是实现乡村振兴的重要路径与抓手。

(一) 抓住本地优势特色，避免同质化发展现象

结合万山区"四圈两带"产业发展规划和全域旅游产业总体规划，主动接受万山区全域旅游辐射，形成朱砂古镇延伸段。以打造朱砂古镇辐射区乡村旅游点为依托，彰显梅花鹿养殖等资源的独特优势，做好报溪村农旅一体化发展可行性规划。按照"政府引导、企业主导、社会参与"的方式，编制《报溪村农旅一体化发展规划》。此外，围绕农业创特色，立足绿色做文章，整合乡风民俗文化资源，融合清静质朴的田园风光特色，把农业生产过程、农民生活场景与蓝天碧水的生态环境整合起来，形成瓜果采摘、特色民宿等独具特色的旅游产品，让游客享受回归自然的生态性休闲旅游方式。[①] 也正如村主任杨秀进所说："我们距朱砂古镇只有10公里，要利用好梅花鹿养殖基地、山地刺葡萄、大棚蔬菜、碾子米、鼎罐饭这些特色，开发侗族特色民宿，让来朱砂古镇旅游的游客体验农家生活，住在报溪。"

(二) 积极完善基础设施建设，夯实农旅一体化发展基础

积极做好万山区王灵观至下溪公路改造工程的协助工作，争取早日建成通车。建设并完善报溪村乡村旅游区域内公厕、垃圾箱、休憩点、标识标牌、灾害防御点等基础设施；完善环境绿化、电力供应、

---

① 铜仁市万山区转型可持续发展大调研组：《下溪发展面临的五个重大问题——下溪侗族乡转型可持续发展调研报告》，《铜仁市万山区转型可持续发展大调研专刊》，2018年第5期。

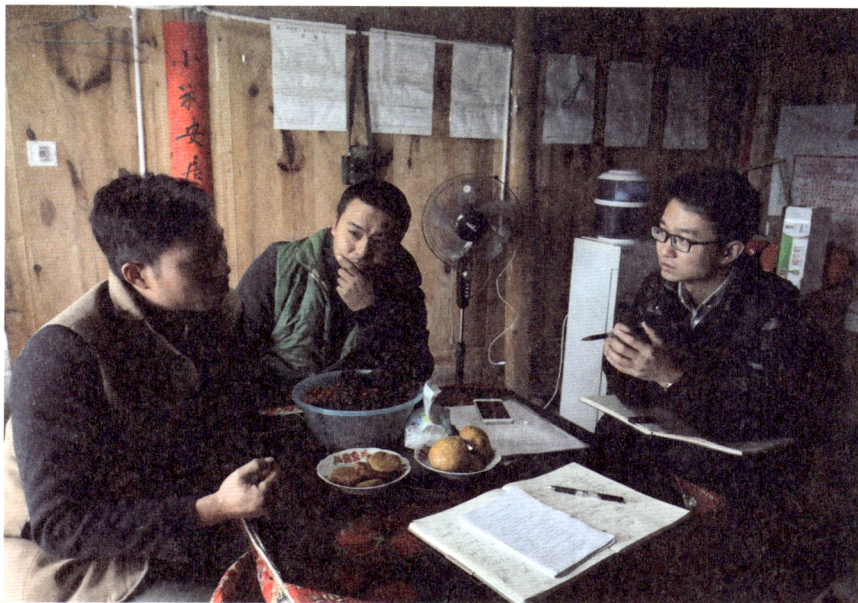

2018年10月20日，调研十一组访谈报溪村致富带头人杨序送。

医疗卫生、饮水安全、餐饮服务等配套设施；探索设立报溪村乡村旅游区域内的小型游客服务中心，为游客提供旅游咨询、投诉处理、团队组织、散客自助游接待等服务。

（三）加强农旅一体化相关知识培训，逐步提升旅游发展意识

全区、全乡业务骨干经常进行集中"充电"，学习全域旅游发展成功经验、"互联网＋智慧旅游"、旅游文化产业政策和文化创意等，深化干部对全域旅游、智慧旅游、旅游营销的认识，提升村干部的旅游品牌建设与营销能力，塑造报溪村旅游品牌形象。此外，建议村委会多召开一些群众会或院坝会，宣传本村农旅发展思路，逐步提升全村老百姓的旅游发展意识和服务意识。

参考文献

1. 铜仁市城乡规划勘测设计研究院：《铜仁市万山区下溪乡报溪村村庄规划（2018—2035）》，2018。

2. 下溪乡报溪村：《报溪村转型可持续发展情况汇报》，2018。

3. 铜仁市万山区转型可持续发展大调研组：《下溪发展面临的五个重大问题——下溪侗族乡转型可持续发展调研报告》，《铜仁市万山区转型可持续发展大调研专刊》，2018年第5期。

一条条饱满的辣椒，从绿油油的叶子中探出头来。那一排排的蔬菜大棚如卧龙般，生机无限傲寒风，四时蔬菜逐番新。

柔柔细细毛毛雨，飘飘渺渺纷纷至。云雾缭绕的村庄犹如仙山琼阁，青黄交叠的砖瓦就像守护卫兵，守护孩子们免受风寒，尽情嬉戏。阵阵稚嫩奶音，为寂静村庄增添丝丝生机。

一处处白墙黑瓦，一幅幅致富图画。木屋和楼房相依相偎，静静述说村庄演化。没变的是门口的那片菜园，就算经历着春秋冬夏，总是期盼游子归家。

延伸产业链条
促进农业产销一体化发展

——桂花村调研报告

2018年10月17~19日，铜仁市万山区转型可持续发展大调研第十一小组陶巍、何露赴下溪乡桂花村开展了为期3天的调研。调研期间，召开座谈会对全村整体情况进行熟悉，下溪侗族乡纪委书记、桂花村包村干部罗金林，万山区城管局驻桂花村第一书记彭南祥，村党支部书记袁仁龙，村党支部副书记、村委会主任杨毅，村党支部委员杨秀信，桂花村委员会委员袁再伍、禹惠辉参会。调研组分别对桂花村第一书记彭南祥，村党支部副书记、村委会主任杨毅，致富带头人代表袁再陆、袁再伍、杨秀六，脱贫户代表吴长牛、杨金菊，教师袁仁斌、护林员杨顺泽等进行了访谈，实地走访大棚蔬菜基地、黄桃种植基地、生猪养殖场、娃娃鱼养殖场、杨秀六山地刺葡萄种植基地、百年古树、乡愁馆（建设中）等，形成《万山区下溪乡桂花村调查表》1份。桂花村在山多地少的现实环境下，通过土地流转、土地入股等形式发展壮大村集体经济，带动了全村村民增收。现将调研情况整理，形成调研报告如下。

一、基本概况和历史沿革

（一）基本概况

桂花村位于下溪侗族乡西部，距下溪乡集镇2公里，东与瓦田村时溪组交界，南与黄道乡长坳村毗邻，西与兴隆村六店坪组相邻，北与敖寨乡翁背村风产坝组接壤。全村土地面积6.5平方公里，有耕地694亩，其中田422亩、土272亩，人均耕地面积0.5亩。村民以侗族、汉族、苗族为主，主要姓氏为杨、袁、吴。全村有6个居民点12个村民小组，共442户1355人，其中田龙一二组、柏木枰一二组、秧田坡组、黄土冲一二组四个居民点家户数在30户以上。目前全村有党员42人，60岁以上老人292人，90岁以上老人1人，没有劳动力、没有收入来源、没有子女赡养的老人有11人，残疾人68户79人，五保户12户13人。20%的村民常年在外打工，65%的人从事农业生产和在县城打工，多数从事建筑工程、交通运输、百货等工作。

（二）基层组织

桂花村现有驻村工作队13人，驻村第一书记为万山区城管局彭南祥，从2017年3月任职至今。驻村工作队队长为下溪乡纪委书记罗金林，驻村工作队成员为财政分局局长肖鸿，乡纪委副书记戴贤静，下溪乡农业服务中心工作人员陈祥建，下溪乡合管站负责人姚丹圯，区纪委下派干部杨晓恒、吴滕，城管局下派干部陈魏酿、罗明杰、孙勇、汪换富、熊兴勇。设村党支部一个，其中袁仁龙任村支部书记，杨毅任村支部副书记，杨秀信任村支部委员，共计3人；村委会一个，杨毅任村委会主任，袁再伍、禹惠辉任村委委员，共计3人；村监督委员会一个，吴长牛任村监督委主任，杨秀忠、袁仁丫任监督委委员，共计3人。

（三）乡村特色

2006年，万山区本着"就近方便、大小适中、以强带弱、有利生产"的原则，推行了撤小村并大村的举措。桂花村在当时由洋堡田村、田龙村、报溪村、铁门村合并而成，因为在四个村的中心有一颗桂花树，故取名为桂花村。在小村并大村措施试行3年以后，铁门村和报溪村撤回原村，洋堡田村、田龙村依然合称桂花村，一直延续至今。

二、基础条件和特色优势

（一）不断完善基础设施，提升公共服务能力

基础设施建设是一直以来制约乡村发展的短板，近年来，桂花村致力于补齐短板，完善基础设施建设，增强公共服务能力。当前，全村共有幼教点1个、教师4名，卫生院1所、医生2名，文化广场1个，体育广场2个，路灯164盏，4G网络已覆盖全村，所有村民组和农户均已实现安全饮水。村庄道路已经基本实现硬化，连户路硬化率达100%，硬化路直接修到了家门口。脱贫户吴长牛家住山上，他说："以前出门都是靠走路，走到下溪街上要一个多小时，现在路修好了，我们骑摩托车下去只要20多分钟，而且脚上还干干净净的，不像原来那样一脚的泥。"

（二）因地制宜谋划产业，培育壮大集体经济

桂花村属山地丘陵地带，山多田少、宜林地多，人均耕地面积

2018年10月17日，调研十一组与桂花村村支"两委"及村民代表召开座谈会。

仅0.5亩，全村产业发展以种养业为主。桂花村海拔650米，年平均温度16.2℃，年降水量1200~1400毫米，日照时数1064.5小时，年积温为4916.6~6020.7℃，无霜期280天，境内冬无严寒、夏无酷暑，属典型的中亚热带季风性湿润气候。土壤多为沙性黄壤，PH值为5.5~7.0，且土壤中富含磷、钾。经前期调研考察发现，这些独特的自然资源优势特别适合种植山地刺葡萄，山地刺葡萄具有高抗病、高抗逆性、高品质、高产量、高效益等特质，亩栽23~30株，一年栽苗，两年试果，三年丰产，亩产高达4000多斤，亩收入为10000~20000元。同时，山地刺葡萄成熟期为9月中旬至10月中旬，处于中秋和国庆两个重要节庆之间，具有种源优势和市场竞争力。并且山地刺葡萄的含糖量为17%~20%，是酿造葡萄酒的最优品种。2014年，桂花村根据自身资源优势大力发展山地刺葡萄种植业，当前已有500亩的规模，促进了村集体经济的发展壮大。2017年，山地刺葡萄产业带动实现25户贫困户户均增收500元。

三、创新实践和经验模式

（一）从分散经营到规模经营：产业发展动力不断增强

桂花村山多地少，耕地仅有694亩，人均耕地面积0.5亩，明显低于1.38亩的中国人均耕地面积。鉴于桂花村耕地数量有限、劳动力大量向城市转移、闲置土地占比较高的现状，通过土地流转发展适度规模经营成为必然趋势。当前桂花村通过土地流转，种植大棚蔬菜50亩、山地刺葡萄500亩，2017年实现村集体经济收入6.69万元。

在实地考察大棚蔬菜种植基地时，桂花村村主任袁任龙指着连片的蔬菜种植基地说："我们村里面像这样连片的土地不多，要想通过发展村集体经济带动村民致富，只有把这些连片的土地都流转过来，才可以形成一定的规模。"而在谈到土地流转是否存在困难时，桂花村第一书记彭南祥说："我们桂花村离万山、铜仁、湖南都近，村里面大多数年轻人都出去打工了，他们每个月在外面打工的收入比在家务农的收入多多了，所以好多人都只是过年过节才会回来住几天，大多数土地也因为这样就闲置了，我们把他们闲置的土地流转过来发展村集体经济，每年还要给他们分红，他们都愿意的。"

村集体经济是促进农村经济社会发展、实现农民共同富裕、推进社会主义新农村建设的重要物质基础。桂花村通过土地流转的方式，推动村集体经济集约化、产业化发展，在巩固村下一步发展的基础上，

2018年10月17日，调研十一组实地考察桂花村大棚蔬菜种植基地。

也带动了村民的增收致富，大大提高了村民参与村集体经济发展的积极性。在脱贫户代表胡长牛和杨顺泽"四卡合一"公示牌上，分别写着"2017年，标准化蔬菜大棚项目分红500元"、"2017年，入股山地刺葡萄分红500元"。吴长牛说："我老婆在兴隆锰矿上班，我自己平时有活的时候也做点小工，家里面两个娃娃上学国家也给了补贴，流转的土地可以分红，自家也留了一点地种自己吃的蔬菜，基本上可以实现自给自足了，生活已经慢慢好起来了。"

目前，桂花村村集体经济发展已经有了初步成效，随着村集体经济发展规模的不断扩大、产业链条的不断完善，越来越多的村民会参与到村集体经济的发展当中，从"局外人"变成"局内人"，充分释放村集体经济发展活力。

（二）从政策扶持到产业分红：扶贫造血能力不断提升

在精准扶贫方面，桂花村结合政策扶持和产业分红，推动全村产业发展和村民增收，实现了"输血式扶贫"向"造血式扶贫"的转换。当前，全村种植山地刺葡萄500亩、大棚蔬菜50亩、黄桃200亩，还养殖了肉牛、山羊、龙虾等。桂花村曾是一类贫困村，于2017年出列，现有贫困户10户23人，贫困发生率为1.72%。2014年至2017年脱贫132户417人。其中，通过产业扶贫，共计107户享受大棚蔬菜产业扶贫，每年户均增收500元；10户享受黄牛产业扶贫，每年户均增收500元；25户享受杨秀六山地刺葡萄产业扶贫，每年户均增收500元；55户享受西南国际商贸城产业扶贫，143人每年人均增收1600元。

脱贫户代表杨金菊的母亲于2016年瘫痪，其丈夫也因工伤丧失劳动力，大儿子先天性脑瘫，生活一度陷入贫困。2017年，二儿子病重急需手术费5万元，这对于原本就穷困的家庭来说无异于雪上加霜。在问及二儿子病情时，杨金菊说："我二儿子现在已经做完手术在慢慢康复了，还是要感谢党和政府的好政策哦，不仅给我报销了我娃做手术的钱，还有我们走去贵州省人民医院的路费，生活费还有护理费都报销了，自己一分钱都没花，真的是感恩党和政府啊，有这么好的政策为我们贫困的老百姓着想。"此外，谈及当前的生活现状时，杨金菊说："我们家现在全部都通过易地扶贫搬迁到街上去住了，当时搬过去的时候我们就带了一些衣服，那边的房子里面啥子都有，连米和油都有。搬过去之后，他们（政府）也给我介绍了一份工作，在帮一户人家带娃娃，平时吃住都在她家，一个月有3000块的收入，家里面两个娃娃也都在街上上学，我老公现在也可以照顾他们，我觉得我对现在的生活还挺满意的。"调研组在她身上看到的不是"等靠要"

的懒惰思想，而是通过政策的帮扶和自身的努力最终摆脱贫困的积极状态。

脱贫户代表杨顺泽妻子已卧病在床多年，完全丧失生活自理能力，杨顺泽因要在家照顾妻子，无法外出务工，家庭收入来源有限。但现在，杨顺泽通过担任村护林员一年有9600元的收入，入股山地刺葡萄每年也有500元的收入。他说："我老婆这个病不能太久没有人照顾，我出门最多就只能半天时间，现在好了，在村里面当护林员，工作时间比较自由，既可以照顾她，又可以有一点稳定的收入。而且现在村里也在修路、修房子，有时候近一点的活我都可以接来做一点。"

通过对村民的访谈以及入户调查，调研组发现，当前桂花村的扶贫已经从"输血式扶贫"向"造血式扶贫"转换，除政府兜底的贫困人员，有劳动力的家庭都可以通过自己的努力实现增收，过上自给自足的生活。

四、突出问题及原因分析

（一）农业生产规模较小，经济效应尚未充分释放

桂花村受地理环境的影响，山多地少，这在很大程度上限制了农业生产规模。当前，桂花村大棚蔬菜只有50亩，油茶也只有300亩，山地刺葡萄为500亩，规模较小。在召开村座谈会时，村主任杨毅说道："现在村里的大棚蔬菜、山地刺葡萄这些规模还是不够，需求量小了我们运输成本很高，要亏本，需求量大了我们又供应不上，现在主要是销售给万山区北京华联超市。"产业发展规模较小，无法形成规模效应，销售渠道单一，农产品市场不稳定，总体经营效益较低。

（二）区域特色不够鲜明，农产品缺乏市场竞争力

目前，桂花村的种植业以大棚蔬菜和山地刺葡萄为主，其中大棚蔬菜种植品种也仅限于黄瓜、辣椒、西兰花等，与其他村相比区域特色不明显。从全乡来看，大棚蔬菜同质化严重，在销售时互相压价，导致蔬菜价格大幅下跌，农民利益受损。桂花村支书袁仁龙在接受专访时就无奈地说道："上一季度的黄瓜都卖不完，开始卖五块一斤，后来卖不出去五毛就卖了。"具有区域特色的农业支柱产业难以培育，"一村一品""一村一特"发展格局尚未形成，导致丰收时节农产品供过于求，价格不高，农民增收基础不牢。

（三）产销机制还未健全，产业链条亟待拓展延伸

桂花村产销一体化机制还未健全，下游产业包括农产品加工、存储、运输、销售等诸多环节发展滞后，产业链条狭窄且短。当前，桂花村的农业产业发展以种养业为主，产业结构单一，大部分农副产品以其初始形态面对市场。例如，大棚蔬菜种植仅出售蔬菜，山地刺葡萄种植仅出售葡萄，产品基本上没有附加值。在实地考察山地刺葡萄种植基地时，基地主要负责人杨秀六说道："如果做一些深加工附带的产品，可能不仅仅是葡萄酒，还可以做一些果干，做成高附加值的农产品还是可以的，这样收益就会大大增加了。"

五、对策与建议

（一）统筹优化产业布局，推进产业品牌化与规模化发展

一是从全区层面整体规划区域化产业发展，用好市场调研、市场

优先、市场定位等组合战略，因地制宜，科学规划村庄产业，使特色农业产业呈现出区域化种植、规模化发展、专业化生产、产业化经营的良好发展势头。二是加强品牌培育，创立农业品牌。在产业区别化发展的前提下，依托龙头企业或者种养大户，建立桂花村自属农产品生产基地，重点打造几个农产品的高端品牌，从而提高农产品的市场竞争力和溢价空间。例如，全力打造"山地刺葡萄"品牌，将其打造为桂花村支柱产业之一。三是强化农产品质量安全管理，实现生产记录可存储、产品流向可追踪、储运信息可查询，全面提升农产品生产质量，使其在全省乃至全国很多地方都享有良好口碑。

2018年10月19日，调研十一组实地考察桂花村生猪养殖场。

2018年10月19日，调研十一组实地考察桂花村油茶种植基地。

（二）充分运用先进技术，做好产业分析与市场预测

　　基于大数据支持的市场分析将提高市场预判的准确性，降低种养殖风险和原料成本。一是通过大数据、互联网等及时掌握市场信息，合理科学组织桂花村农业生产，从根源上缓解信息不对称导致的市场供需矛盾，降低农业风险。二是借助大数据、互联网、物联网方便快捷的特点，对农业自然条件变化、相关政策法规等社会农业信息数据进行收集、整理、加工，进而进行市场预测。根据网络平台回馈的需求信息来"零时差"地调整桂花村农产品的种类，将有限的农业生产资源投放到需求价格高、需求量旺盛的品种上，从而提升包括上游农户在内的农产品产业链整体收益水平。

（三）加快完善产业链条，促进农业产销一体化发展

一是拓展延伸农业产业链条，提升农产品附加值。把以初级农产品种植销售为主的传统经济模式，向以精深加工和旅游观光为代表的二、三产业拓展。例如，积极对接苏州资源，引进葡萄加工的先进企业和先进技术，鼓励辖区企业和个人开办葡萄加工企业；充分利用山地刺葡萄花青素含量高的特点，积极对接高校和科研机构，推进产学研结合，开发高附加值的山地刺葡萄衍生产品。二是打造"互联网＋"农业产销一体化的利益联结机制。大力培育互联网中介组织，通过互联网农业中介组织搭建农业信息网络，消除农户对农企产能和市场需求的信息获取障碍，利用网络交流低成本优势来协调龙头企业和农户之间的利益，促进桂花村农产品对外销售。三是优化产销流程，着力抓好农产品产销衔接。积极推动农超对接、农校对接、农社对接、农企对接等多种形式的产销衔接，进一步开阔思路，不断探索和完善产销对接的新途径、新模式。

参考文献

1. 铜仁市万山区转型可持续发展大调研组：《下溪乡发展面临的五个重大问题——下溪侗族乡转型可持续发展调研报告》，2018。

2. 铜仁市万山区转型可持续发展大调研组：《下溪乡桂花村实地调研简报》，2018。

3. 下溪乡桂花村：《下溪乡桂花村转型可持续发展汇报材料》。

4. 下溪乡桂花村：《下溪乡桂花村基本情况》。

5. 下溪乡桂花村：《万山区下溪乡桂花村调查表》。

6. 周文华：《"互联网＋农产品营销"体系的探究》，2018。

7. 王银凤，段炳辉，何紫阳：《基于物联网技术的新农村农产品产销一体化平台》，2014。

"初晴山院里，何处染嚣尘"，座落在翠绿丛中的庭院，雨后更加整洁、明亮，一尘不染，更听不见喧哗嘈杂之声，万物清新。

路的那边，是一片片大棚，安静整齐地躺在那里。里面种有青菜、西红柿、茄子、黄瓜、南瓜……一排排秧苗满载着无数的希望，破土而出，装饰着整个乡村。

春去了又回，花谢了又开。庭院便成了记忆的起点。经年之后，青苔爬上石凳，看上去格外精致；时光荏苒，竹篮盛满食材，想起来分外怀念。物品繁杂而不凌乱，都是家的味道。

坚持绿色发展理念
推动产业生态化和生态产业化

——兴隆村调研报告

　　2018年10月17~23日，铜仁市万山区转型可持续发展大调研第十一小组周猜、萧伟赴下溪乡兴隆村以及兴隆村辖区范围内的下溪社区开展了为期5天的调研。10月17日上午，召开兴隆村调研座谈会，了解兴隆村的基本情况、精准扶贫情况和党建情况等，兴隆村包村干部、驻村第一书记、村支"两委"和村民代表参会。10月22日，调研组在下溪社区召开座谈会，了解社区基本情况、发展现状和党建情况等，下溪社区书记、主任和居民代表参会。调研期间，调研组实地走访了堃丰农业大棚蔬菜基地、鑫丰农业大棚蔬菜基地、互助幸福院、兴隆锰业和肉兔养殖基地，专访了兴隆村驻村干部陈小兵、兴隆村村支书杨天德、下溪社区书记刘开广、致富带头人姚源忠、兴隆锰业职工杨顺陆、脱贫户吴天学、兴隆锰业副总经理李智武、退休职工陈再禄、清洁工姚源喜、中学生刘博雅等人员。

一、基本概况和历史沿革

兴隆村位于铜仁市万山区下溪乡中心地段，是下溪乡人民政府所在地，东连官田村，南邻瓦田村，西依桂花村，北接敖寨洋世界村，地理中心位置位于东经109° 19′ 57″，北纬27° 33′ 28″，海拔高度380~550米。全村共有黄土田、老寨湾、野猪冲、车田、河坎上、草场、冲口、六田坪、界子冲、猴冲口、曾家垅、丹树岑和董上13个村民组，户籍人口1830人，主要以吴姓和杨姓村民为主。全村面积11平方公里，拥有耕地面积955亩，其中农田577亩、土地378亩。林地1532.71亩，乔木林1056.29亩，灌木林252.68公顷。兴隆村为二类贫困村，2016年发生的"7·4"洪灾致使全村63户273人因灾致贫。目前全村共有低保户169户374人、五保户9户10人、危房户199户、残疾人88人，现有建档立卡贫困户127户432人、未脱贫24户45人、脱贫户103户387人。2016年贫困发生率为16.98%，2017年贫困发生率为2.81%。

兴隆村之名可追溯到明末清初。当时下溪集镇名为狮子口，因集镇对面有一座天然岩洞，恰似狮子张开大口，故而得名。集镇周边商贾云集，呈现欣欣向荣、生意兴隆的繁荣景象，又名兴隆坳，就是现在的兴隆村董上组。新中国成立以后，成立五一公社（现下溪乡），辖东风、团结、红星三个大队，现在兴隆村和桂花村黄土冲组所辖区域为团结大队。1981年土地包产到户后，团结大队更名为下溪村。2005年撤并村时，下溪村与现在的青龙村合并为一个村，以兴隆坳的典故，命名为兴隆村。2011年撤并村时，兴隆村与青龙村再次分离开来，成了现在的兴隆村。

随着集镇的发展，乡党委政府、辖区学校、卫生院等机关工作人员和退休人员，以及户口回迁人员、外来务工人员、经商人员不断增多，下溪乡城镇户籍人口逐渐增加，主要居住在下溪集镇，也就是兴隆村董上组。为方便城镇户籍人口的管理，1992年，下溪乡成立机关居委会，并逐步完善服务功能，2012年更名为下溪社区居委会，2016年成立下溪社区居委会党支部。下溪社区共分为机关组、教育组、老街组、新街组和大龙组，共有居民540户1680人，其中户籍户178户468人，寄住户362户1212人。

二、基础条件和优势特色

(一) 锰业发展带动村民就业和地方经济发展

兴隆村辖区内的贵州万山兴隆锰业有限公司成立于2008年5月，注册资金6428.58万元，是铜仁市万山区重点招商引资企业，曾连续两年荣获中共万山区委区政府授予的"纳税先进企业"称号，连续三年荣获铜仁市工商行政管理局授予的"守合同重信用单位"称号，两次跻身贵州省"民营企业100强"，2017年荣获中国铁合金网"电解锰生产经营二十强品牌企业"称号。该公司拥有自己的矿山——万山区盆架山锰业有限公司，是集矿厂开采、冶炼、销售于一体的联合企业，年产 $MnCO_3$ 矿石15万吨、电解金属锰3万吨，年产值达5.1亿元，为当地解决就业岗位600余人。兴隆村为兴隆锰业企业所在地，很多村民都选择就近就业。调研组从兴隆锰业副总经理李智武处了解到，兴隆锰业普通工人月工资为3000~4000元，井下工人则高达10000元以上，远高于下溪乡居民人均收入水平，每月工资结算为兴隆村辖区内银行带来200~300万元的现金流量，拉动当地居民的消费，一定程度上促进了当地经济的发展。对此，该村脱贫户代表吴天学说道："锰厂的收入相对来说还是比较高的，有企业嘛大家就有了工资收入，收入高了就要消费，（商贩）生意也要好很多。"目前，兴隆村有户籍人口1910人，外出务工人员仅为284人，居民人均可支配收入为7500元，高于下溪乡全乡人均可支配收入850元。

（二）位于乡政府和集镇所在地，公共服务水平相对较高

兴隆村位于下溪乡中心地段，是乡人民政府和下溪乡集镇所在地，是下溪乡政治、交通、文化中心。下溪乡幼儿园、中心完小、中学、卫生院、敬老院、汽车站等均在辖区范围内。全村已安装太阳能路灯180盏，建有设施完备功能齐全的村卫生室1个，拥有200平方米村级活动室1个、农民文化综合广场1个。此外，辖区内还有农村信用社和邮政储蓄银行各1家、功能完善的新型养老互助幸福院1所、老年大学1家、超市2家。相比于下溪乡其他村，兴隆村的公共服务功能较为完善，医疗教育水平较高，群众生活较为便捷。

（三）地理位置不优，道路基础设施条件较差

兴隆村相比于周边地区海拔较低，处于一个洼地，容易遭受洪灾。相比万山区其他乡（镇、街道），兴隆村所在的下溪乡距离铜仁市区和万山区城区距离较远，且公路大多为盘山路，道路情况较差，弯拐较多。通往万山城区的万下公路在2016年的"7·4"洪灾中被毁坏后，截至调研仍未修复通车，通往万山需从敖寨乡绕行。交通条件差在很大程度上增加了辖区产业的物流成本，同时也成为当地招商引资的一大瓶颈。正如兴隆村村委委员、致富带头人姚源忠所说：

"作为企业，在去一个地方之前，首先考虑的肯定是地理位置和交通条件，如果交通不方便人家是肯定不会来的。兴隆村就是交通太不方便了，物流成本太高。"此外，由于兴隆锰业的锰矿运输车和硫酸罐车等大型货车的长期出入，该村部分道路毁坏严重，经常处于破坏状态或是维修状态。

三、实践探索和经验模式

（一）壮大村集体经济助推脱贫攻坚

以前的兴隆村是典型的"空壳村"，村集体收入几乎为零。2017年，兴隆村村集体经济贵州铜仁鑫丰农牧科技有限公司成立，村支"两委"整合200余万元资金作为贫困户股金，签订土地入股协议56份，以九丰农业大棚蔬菜种植技术为支撑，发展大棚蔬菜种植产业。截至2018年10月，兴隆村村集体经济共投入资金475万元，其中财政扶贫资金275万元，建成鑫丰农业科技示范园一个，包括蔬菜大棚20000平方米、水产养殖1500平方米。村集体经济共带动贫困户127户432人，同时48户农户通过土地出租入股分红。公司经营收入除去成本和第二年的生产资金，盈利部分主要采取"721"模式进行分配，即利润的70%按户兑现给贫困户实现产业分红，20%留作村集体经济收入用于村里的公益事业，10%作为一年中参与集体经济发展人员的奖励资金。自2017年鑫丰农业科技示范园建成投产以来，公司共对127户贫困户分红13.18万元，发放土地入股分红金6万元，村集体经济积累3万元，带动3名精准扶贫人员成长为技术专干，月薪2500元。

2018年10月19日，调研十一组走访兴隆村脱贫户代表吴天学家，交流了解生活变化过程。

（二）"志愿服务＋互助服务"的养老新模式

随着年轻人外出务工，"空巢老人"成为如今农村的普遍现象。"空巢老人"不同于孤寡老人，不属于民政兜底的范畴，成为农村改革发展过程中面临的一大难题。为解决"空巢老人"的养老问题，兴隆村创新服务模式，探索出志愿服务与互助服务相结合的养老新模式。兴隆村将原下溪乡政府约1300平方米的两层办公楼腾退出来，改造成宿舍、图书室、理疗室、娱乐室、餐厅、取暖室、室外健身等配套设施齐全的互助幸福院，为生活能够自理的60岁以上空巢老人提供养老服务。明确由村支"两委"负责日常管理，由政府补贴专门聘请护理人员对老人们的衣食起居进行照顾。互助院设有床位18张，常住人员通常为10~15人，入院老人每人每月缴纳150元作为基本生活费，采取"入住老人出资＋

2018年10月18日，调研十一组实地考察川兴隆村互助幸福院，了解运行情况。

乡村补贴”的运行机制，发动辖区居民积极参与幸福院的服务，并鼓励老人之间互相帮助。在入户走访过程中，调研组问询了10位老人或是家里有老人的村民，除一人表示希望自己扶养老人外，其余9位表示愿意入住或是让家里老人入住互助幸福院。其中，村民吴克荣这样说道："幸福院肯定愿意去的嘛，大家在一起有意思，聊聊天、下下棋，里面条件还是蛮好的。"互助幸福院是当前农村养老模式的创新和探索，具有可操作性和可复制性，对推动农村社会治理转型具有重要意义。

四、存在问题和工作难点

（一）耕地资源"一多三少"，农业规模化发展受限

兴隆村耕地资源呈现坡耕地多、连片耕地少、高质量耕地少和人

均耕地少的特点。由于地处云贵高原、武陵山脉，兴隆村辖区地貌呈现山多坡陡的特征。"7·4"洪灾中，该村受损严重，基本上所有的耕地都被摧毁，后来有部分复垦，但是土质与原有土壤相比差之甚远。对此，该村脱贫户吴天学表示："（耕地）泥巴都被冲走了，说是复垦，其实就是从别的地方拉一些土壤过来，再翻一翻，那也不是以前的了，恢复不了的。"目前，兴隆村人均耕地仅为0.5亩，加上"7·4"洪灾中损毁的耕地还未全部复垦，人均耕地拥有量较少。耕地存在的这些问题很大程度上限制了兴隆村规模农业和高效农业的发展。

（二）产业发展统筹性不足，农产品销售渠道不畅

兴隆村目前主要发展的产业是大棚蔬菜和山地刺葡萄种植。大棚蔬菜主要有辖区内企业堃丰农业的350亩和村集体经济鑫丰农业的50亩。山地刺葡萄主要有兴隆葡萄种植农民专业合作社的400亩。2015年，万山区引进九丰农业，在全区各乡（镇、街道）推广九丰大棚蔬菜种植技术，带动了全区种植业的发展，蔬菜产量大幅提升。然而，各个大棚蔬菜基地之间没有统筹发展，加之在蔬菜种植前缺少对市场需求的研判，导致蔬菜品种较为单一，同质化严重，在销售时又相互竞争，甚至互相压价，蔬菜价格大幅下跌，农户利益受损。兴隆村支书杨天德在接受专访时就直言不讳地表示："我认为兴隆村发展面临的最大的困难，一个就是大棚蔬菜的管理和销售问题，现在还好，一旦扩大规模，很有可能就卖不出去。"

山地刺葡萄是2009年部分农户自发探索种植的，2012年，下溪乡党委政府将葡萄产业定位为该乡主导发展产业，打造山地生态刺葡萄之乡。目前，全乡种植刺葡萄共10000亩，预计亩产8000～10000斤。然

而，山地刺葡萄的"产加销"链条还未建立，葡萄销量成为一大难题。受地理位置和交通因素限制，葡萄外销物流成本较高，而相关加工企业又不愿入驻。对此，下溪侗族乡政府副乡长、武装部部长徐启刚表示："刺葡萄的产量本地消化不了，但是相对于葡萄酒厂来说产量又小了，人家不愿意来。也有企业提出让我们打成浆或是晒干之后送过去，他们加工，但是都不太可行。"此外，由于缺少资金，目前兴隆村的山地刺葡萄还未搭建遮雨棚，葡萄产量和质量都不太理想。

(三) 锰业发展和遗留问题叠加，生态保护与环境治理难度大

兴隆村所在的万山区曾是中国最大的汞工业生产基地，有"中国汞都"之称。2002年，贵州汞矿宣布政策性关闭。然而多年的汞矿开采和加工造成当地土壤和水资源的严重污染。2014年，铜仁市组织申报了《铜仁市万山区重金属污染防治实施方案（2015—2017年）》，经环保部批准，2015年下达资金4300万元，开展下溪河、敖寨河流域沿河两岸农田汞污染治理以及万山周边历史遗留汞渣污染等综合治理。2018年，启动万山区敖寨河、下溪河流域汞污染土壤修复与治理示范工程，目前已取得阶段性成果。然而，在调研过程中，调研组先后对沿河两岸的堃丰农业、果园农户、鑫丰农业等相关人员进行访问，在问到蔬菜或是果树的灌溉水源时，他们均表示灌溉用水为山泉水，从不采用下溪河水进行灌溉。针对这个问题，堃丰农业合伙人姚本铁说道："（下溪）河水是不敢用的，怕蔬菜汞超标，瓜果类还好，块茎类就比较恼火了，汞主要在根部聚集。"兴隆村辖区范围内的兴隆锰业位于下溪河岸边的山上，厂区还建有一个废渣库，已经填满封库，一旦发生槽液或是废渣泄露就会造成下溪河流域的大面积污染。

五、对策与建议

（一）强化区域统筹，推动农业高效发展

　　兴隆村的农产品销售问题并不是一个村的问题，折射出的是全乡，甚至全区农业发展所面临的一个共性问题，因此，应从全乡，甚至全区的层面去统筹解决。一是建立区级大棚蔬菜运营管理平台，实现全区大棚蔬菜的统一管理和销售。加强品牌培育，着重打造几个大棚蔬菜中高端品牌。充分运用大数据分析技术，对蔬菜市场需求做出预判，并指导全区大棚基地分类种植。强化质量监督管理，对大棚蔬菜种植的全流程进行跟踪记录，实现蔬菜生产流程可追溯。推动冷链和大型蔬菜物流集散中心建设，着眼于省外市场和港澳市场，打造全区蔬菜统一销售渠道。二是全力打造下溪乡"山地刺葡萄"品牌，积极争取上级相关政策和资金支持，完善遮雨棚等相关基础设施。利用好与苏州的对接帮扶平台，积极对接苏州资源，引进葡萄加工的先进企业和先进技术，鼓励辖区企业和个人开办葡萄加工企业。充分利用山地刺葡萄花青素含量高的特点，积极对接高校和科研机构，推进产学研结合，开发高附加值的山地刺葡萄关联产品。三是加强农业产业应用型人才培养。重点针对大棚蔬菜、山地刺葡萄等生产、加工和销售的各个阶段，制定主题明确的培训计划，对农民和相关从业人员进行专业培训。抓住国家大力发展职业教育的政策机遇，充分发挥铜仁职业技术学院、万山区中等职业技术学校等资源优势，培养农业专业人才定向回到所在地基层就业。支持鼓励农业企业和农民合作社实施技术入股，对有技术入股的企业和合作社在产业资金和扶贫资金上给予一定的倾斜。

(二) 突出规划引领，推动农旅融合发展

兴隆村相距万山国家矿山公园景区朱砂古镇仅20余公里，具有一定的区位优势。下溪河穿村而过，山林秀美。传统民俗文化资源丰富，鼕锣、龙灯、傩堂戏等传承良好，山地刺葡萄、大棚蔬菜、经果林种植等种植初具规模，应积极抢抓万山区推进全域旅游发展的机遇，充分发挥资源优势，推动农旅融合发展。一是找准发展定位，实现差异化发展。围绕大棚蔬菜种植、采摘体验，山地刺葡萄观光、采摘，以及民宿住宿、民俗体验，打造深度农业体验式旅游度假区。二是突出规划引领，强化与周边乡镇、景区的统筹协调发展。制定万山区全域旅游发展规划，围绕朱砂古镇、夜郎谷、中华山、云盘山等旅游资源，打造旅游精品景区。结合乡村资源禀赋，合理布局美丽乡村、特色小镇，将全区旅游景区串联起来。三是强化基础设施建设，打造以葡萄

2018年10月19日，调研十一组实地考察兴隆锰业电解车间。

园观光采摘和大棚蔬菜种植体验为核心的田园综合体。强化交通基础设施建设，完善乡村路网布局，加快敖寨至谢桥隧道建设，加快推进万下公路修复通车，推动道路升级改造和完善修复。加强乡村旅游基础设施建设，充分利用易地搬迁和外出务工农民的闲置住房，打造具有农家特色的乡村民宿。四是加大对民俗文化的宣传和挖掘力度，打造鼍锣、龙灯、傩堂戏等民俗艺术的表演和体验平台，联合周边乡村，以民俗表演、葡萄采摘、葡萄酒酿制等为主题，举办下溪乡山地刺葡萄节。

（三）强调产业选择，推动绿色可持续发展

兴隆村的汞、锰污染是万山区过去粗放的产业发展方式的遗留问题，要从根本上解决兴隆村的污染问题，就要从区级层面坚定绿色发展的决心，严把产业选择关，从源头上杜绝污染，改变过去产业单一、产业链短、污染严重的粗放型发展方式，走创新驱动发展之路，推动产业向价值链中高端迈进，推动产业生态化和生态产业化，实现经济发展和生态保护的双赢。一是加快推进土壤汞污染治理，以及敖寨河、下溪河等水资源的污染治理，消除汞矿尾渣库、锰矿尾渣库等污染隐患，对辖区内河流、湖泊等水资源的水质进行实时监测，并将监测结果向社会公布。二是加强工业污染整治，建设重点污染源自动监控系统，实现污染防控由末端治理向全过程控制转变。深入推进企业节能降耗技术改造，控制高耗能高污染行业增长，加大落后产能淘汰力度，逐步淘汰辖区内的高污染、高能耗企业。鼓励引导企业升级改造，提升工艺和治理水平，推动产业向精细化、高端化和绿色化发展。三是制定产业发展规划和产业准入负面清单，

完善产业布局，重点发展高新技术产业、现代化高效农业和山地旅游业。紧抓贵州大数据发展机遇，引进大数据相关企业，推动大数据与实体经济深度融合，充分利用与苏州高新区对口帮扶的优势，发展人工智能产业。

参考文献

1. 下溪乡兴隆村：《兴隆村转型可持续发展汇报材料》，2018。
2. 下溪乡下溪社区：《下溪社区居委会基本情况》，2018。
3. 每日经济新闻：《"汞都"万山转型之痛：10万亩耕地受汞污染》，2014。
4. 贵州万山兴隆锰业有限公司：《贵州万山兴隆锰业有限公司简介》，2018。

后 记

　　作为一个有着几千年历史的农业大国，"三农"问题一直是关系我国经济和社会发展全局的重大问题，并得到众多专家学者的持续关注和研究。我国社会学大师费孝通先生所著的《江村经济》，对20世纪30年代中国农民的生活做了系统深刻的描述，掀起了我国乡村调查研究的热潮，被誉为"人类学实地调查和理论工作发展中的一个里程碑"。随着工业化、信息化、城镇化、农业现代化的加速推进和叠加效应凸显，乡村作为中国乡土社会的基础单元，正在经历前所未有的变化。党的十九大报告首次提出实施乡村振兴战略，乡村未来到底何去何从开始重新引起社会各界的高度关注和广泛思考，各级政府也把实施乡村振兴战略摆在了优先位置。

　　在此背景下，铜仁市委、市政府全面贯彻落实习近平新时代中国特色社会主义思想，聚焦乡村振兴战略的实施，组织安排了万山转型可持续发展大调研，铜仁市人民政府发展研究中心联合北京国际城市发展研究院、贵阳创新驱动发展战略研究院组成了万山转型可持续发展课题组，开展了为期一年的跟踪研究与成果转化工作。自2018年5月起，铜仁市委、市政府首席顾问连玉明带领课题组人员先后赴万山开展了三次前期摸底调研，分别对产业园区（铜仁高新区、万山经开区）、旅游品牌（朱砂古镇、彩虹海）、重点企业（万仁新能源汽车公司、九丰农业博览园）以及部分乡镇（高楼坪乡、万山镇）进行了实地考察，并与万山区委、区政府进行了座谈交流，把握了万山乡村发展的总体情况和基本脉络。

2018年9月，课题组反复学习领会习近平总书记关于实施乡村振兴战略的重要论述，编辑了万山区乡镇（街道）与村（社区）基础资料，为开展万山转型可持续发展大调研做好了前期准备。

2018年10月13日至28日，课题组组织北京国际城市发展研究院、贵阳创新驱动发展战略研究院、铜仁市人民政府发展研究中心研究人员组成86人的调研团队，赴铜仁市万山区各部门、重点企业、乡镇（街道）、村（社区）开展了为期15天的集中调研。调研期间，课题组共召开了100余场座谈会，实地考察了100多个产业项目，走访近1000户群众，重点访谈约500人，实现了95个村（社区）、重点部门、重点企业的全覆盖，撰写形成了90篇[①]调研报告。调研结束之后，课题组通过对调研报告进行修改完善，撰写形成了《山村调查》（五卷）。本书重点研究了五个方面的问题。

一是摸清基础情况。课题组深入各村（社区），系统收集了全区各村（社区）的地理位置、平均海拔、主要民族、主要姓氏、

---

① 出于行政区划调整、易地搬迁以及个别村（社区）体量较小等原因，有5个村（社区）没有单独形成调研报告，故调研报告总篇数为90篇。

户籍人口、贫困人口、党员数量等基础信息，统计了各村（社区）水、电、气、网络、道路、学校、文化广场、社区医疗机构和养老机构等基础设施和商铺、宾馆旅社、驻区单位、集体经济等基本情况，总结了建国70周年，尤其是改革开放40年来万山各村（社区）的发展变化。

二是找准优势特点。课题组走进田间地头，深入村寨山林，围绕各村（社区）的自然资源、文化遗产、农业项目等进行了调查和分析，找准了各村（社区）的优势与特色，为其今后的发展提供了思路与方向。

三是挖掘典型经验。通过座谈交流，课题组发现并挖掘了一批具有典型示范价值的经验模式，如"九丰农业＋"农旅融合发展模式、"龙头企业＋贫困户"产业扶贫模式、"622"集体经济产业扶贫分红模式等。这些典型经验模式是万山人民勤劳智慧的集中体现。

四是发现突出问题。通过与各村（社区）领导干部、群众的沟通交流，课题组归纳总结了当前万山各村（社区）发展中面临的主要问题和工作难点。比如，村集体经济发展壮大的问题，农村创新创业资金不足的问题，农村留守儿童的教育问题，乡村医生、乡村教师流失的问题，农产品对外销售难的问题等。这些问题既是万山各村（社区）存在的个性问题，也是广大农村地区普遍存在的共性问题。

五是提供对策建议。课题组根据各村（社区）的发展现状、特色优势以及存在问题，提出了有针对性的问题解决方案与建议，这不仅有利于促进万山各村（社区）的健康发展，对于其他农村地区的发展也具有重要的借鉴意义。

在开展调研和撰写书稿的过程中，铜仁市委、市政府专门下发通知，并由市委、市政府主要领导担任调研组组长和副组长，为大调研工作提供了全面保障。万山区委、区政府不仅为大调研工作提供了信息保障、车辆保障、食宿保障和安全保障，还在书稿的撰写、修改过程中给予了充分支持，提出了许多宝贵的修改意见。万山区全体党员干部及广大群众积极配合调研工作，不仅提供了丰富的素材与数据，还提供了许多基层工作的思考与建议。可以说，《山村调查》（五卷）凝聚了铜仁市、万山区两级领导干部和基层群众的思想和智慧，是对万山乡村社会的一次立体式呈现。此外，社会科学文献出版社社长谢寿光高度重视本书的出版工作，指示组织多名编辑对本书进行精心编校、精心设计，保证了本书的如期出版。在此，一并表示感谢！

在研究和编写本书过程中，我们充分利用调研资料，尽力搜集最新文献、吸纳最新观点，以期丰富本书的思想及内容。但受著者水平所限，难免有疏漏之处，恳请读者批评指正。

2019年9月12日